날마다 지구하자

초등 환경일력 365

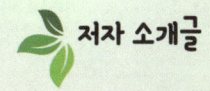 저자 소개글

지구하자 초등환경교육연구회

'지구하자 초등환경교육연구회'는 전국의 선생님들이 모인 환경교육 실천 연구회입니다. '지구하자'는 '땅이 오래도록 변함이 없다'는 뜻의 '지구(地久)하다'에서 따온 것으로, 자연을 보존하고 환경교육을 지속하고자 하는 마음과 더불어 '지구를 구하자', 환경교육을 '지금 하자'는 각오도 담겨 있습니다.

우리는 아름다운 지구에서 다양한 생명들과 함께 살아갑니다. 우리가 누리는 풍요로움이 기후 위기로 인해 흔들리고 있는 지금, 지구하자 연구회는 우리의 환경교육이 다른 생명체를 존중하며 더불어 살아갈 줄 아는 어린이, 자신의 작은 행동이 지구환경에 영향을 미치고 있음을 의식하는 어린이, 아무리 커다란 문제도 함께 힘을 합하면 해결할 수 있음을 믿는 어린이로 성장시킬 거라 믿습니다. 쓴 책으로는 『사계절 생태 환경 수업』이 있습니다.

집필에 참여하신 선생님

권화정 김정민 박윤경 박주연 양수정 윤솔미 이기쁨 이윤희 이해인 임형남 장소영 정지은 조은아

 **머리말**

하루에 하나씩 알아 가고,
하루에 하나씩 바꾸어 나가요.

몸에 열이 나 본 적이 있나요?
체온이 38도만 돼도 일상생활이 힘듭니다.
우리가 사는 지구도 우리의 몸과 비슷해요.
1~2도 차이만으로도 상황이 크게 바뀌지요.
그런데 현재 지구의 평균 온도는
산업화가 시작된 이래 이미 1.1도나 올라갔어요.
그런데 여기서 더 뜨거워진다면 어떤 일이 벌어질까요?
기후 변화에 대해 알면 알수록 무엇을 해야 할지 막막하고,
아무것도 바꿀 수 없다는 생각에 사로잡힐 수도 있어요.
하지만 기후 위기는 우리가 멀리한다고
마냥 그 자리에 있지 않아요.
오히려 더 가까이 다가와요.

날마다 지구하자
초등환경일력 365

초 판 발 행	2023년 12월 15일 (인쇄 2023년 11월 16일)
발 행 인	박영일
책 임 편 집	이해욱
저 자	지구하자 초등환경교육연구회
편 집 진 행	모은영 · 김지운 · 권민서 · 박유진
표지디자인	김지수
편집디자인	하한우 · 박서희
발 행 처	시대인
공 급 처	(주)시대고시기획
출 판 등 록	제 10-1521호
주 소	서울시 마포구 큰우물로 75 [도화동 538 성지 B/D] 9F
전 화	1600-3600
팩 스	02-701-8823
홈 페 이 지	www.sdedu.co.kr

I S B N	979-11-383-4723-5 (72400)
정 가	20,000원

※ 이 책은 저작권법의 보호를 받는 저작물이므로 동영상 제작 및 무단전재와 배포를 금합니다.
※ 잘못된 책은 구입하신 서점에서 바꾸어 드립니다.
※ '시대인'은 종합교육그룹 '(주)시대고시기획 · 시대교육'의 단행본 브랜드입니다.

그러니 이대로 누군가
해결해 주길 기다릴 수 없어요.
지금 우리에게 필요한 것은 오직
이 상황을 극복하려는 마음가짐과 실천이에요.
어느 누구 한 사람이라도 먼저 시작하면 된답니다.
기후 변화뿐만 아니라 우리가 사는 이 지구에서 벌어지는
여러 환경 문제와 이를 해결하려는 사람들의 노력을 알아봅시다.
그리고 우리가 일상에서 실천할 수 있는 것을 찾아 행동해 봐요.
물론 오늘 당장 지구 환경 문제가 해결되지는 않아요.
그럼에도 불구하고 하루에 하나씩 알아 가고,
하루에 하나씩 행동에 옮겨 봅시다.
하루하루가 모여 1년이 되듯,
한 사람, 한 사람의 실천이 모이면
지구를 구하는 기적을 일으킬 수 있을 거예요.

2023년 11월

12월 31일

12월 돌아보기

지구는 지금, 나만의 것이 아니에요. 현재의 모든 사람과 미래의 후손이 모두 행복한 삶, 지속 가능한 삶을 위한 마음가짐은 환경 보호의 첫걸음이라 할 수 있어요. 한 달 동안 실천한 것을 되돌아보며, 새롭게 알게 된 사실이나 가장 기억에 남는 활동 세 가지를 적어 보세요.

1. _____
2. _____
3. _____

활동

앞으로도 지속해서 실천하고자 하는 지속 가능한 삶을 위한 활동을 생각해 보자.

옷 기부하기

재사용(Reuse)은 환경을 보호하는 실천 방법의 하나예요. 특히 옷은 해지지 않아도 버리기 쉽지요. 그래서 국내 여러 단체에서는 집에서 잘 입지 않는 옷을 재사용함으로써 환경을 보호하고, 기부된 수익금으로 국내외 소외 이웃을 보호하는 데 사용하고 있어요. 오늘 집에서 재사용할 수 있는 옷을 기부해 보면 어떨까요?

활동

잘 입지 않는 옷을 정리하여 기부해 보자.

[TIP] 아름다운가게, 굿윌스토어 등 안 입는 옷을 기부할 수 있는 곳을 찾아 기부해 봅시다.

시작하는 마음

오늘은 새해를 시작하는 첫날이에요. 여러분은 어떤 마음으로 환경 일력의 첫 페이지를 넘겼나요? 나와 내가 사랑하는 사람들, 그리고 우리가 살아가는 지구를 위해 환경을 위한 노력을 실천하는 한 해를 만들어 봅시다.

활동

환경 일력을 꾸준히 실천할 자신에게 응원의 한 마디를 적어 보자.

나 _____ 은(는) _____
_____

12월 29일

일회용 마스크

코로나19 감염병이 유행하면서 우리는 일상에서 마스크를 자주 사용하고 있어요. 그런데 마스크는 재활용할 수 없어 쓰레기로 버려져 환경을 오염시키고 있어요. 합성수지로 만들어진 마스크는 완전히 분해되는 데 450년이나 걸려 토양을 크게 오염시키지요. 또 소각되지 않고 잘못 버려진 폐마스크는 새나 돌고래 등 동물의 생명을 위협하고 있어요. 환경 오염을 최소화하는 폐마스크 처리 방법을 고민해야 할 때입니다.

활동

환경 오염을 최소화하는 폐마스크 처리 방법을 생각해 보자.

1월 2일

우리가 사는 지구

우리가 사는 지구에 대해 어떻게 생각하고 있나요? 46억 년 전 만들어진 지구에는 사람을 포함한 수많은 동식물이 함께 살고 있어요. 우리는 다른 생명체들과 지구라는 집을 나누어 쓰고 있는 셈이지요. 모두의 건강하고 행복한 삶을 위해서 지구의 건강을 지키는 것이 무엇보다 중요해요.

활동

지구에 대한 고마움을 담아 '지구'로 이행시를 지어 보자.

윤호섭

친환경 제품 디자인이란 환경에 해를 끼치지 않으면서 환경 보호에 관한 메시지를 전하는 디자인이에요. '그린디자인'이라고도 하지요. 윤호섭은 그린디자인의 개념을 널리 알리고 정착시킨 선구자예요. 일반 제품 디자이너였던 그는 환경 문제에 관심이 많았던 청년을 만나고 그린디자인을 시작했어요. 일요일마다 헌 티셔츠에 녹색 그림을 그려 주는 캠페인을 벌이면서 환경 보호 인식 개선을 위해 노력하고 있어요.

활동

입지 않는 티셔츠에 환경 보호 메시지를 적어 보자.

1월 3일

비거뉴어리

영국의 한 환경 단체가 채식을 알리기 위해 'Vegan(채식주의자)'과 'January(1월)'를 합해 만든 말이에요. 이 이름에는 새로운 해가 시작되는 1월 한 달간 채식 식단을 적극적으로 실천해 보자는 다짐이 담겨 있어요. 지구를 위한 선택, 나를 위한 선택으로 채식 식단에 도전해 볼까요?

활동

마트에서 비건 인증 마크를 가진 식품을 찾아보자.

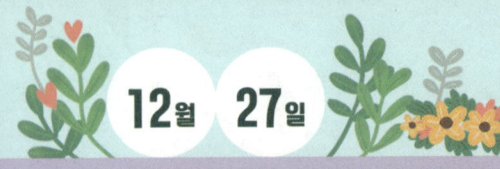

종이 책장

종이는 친환경 재료로 플라스틱을 대신해 포장재로 자주 쓰여요. 그런데 종이로 가구도 만들 수 있다는 걸 아나요? 여러 겹 겹쳐 붙인 종이는 튼튼해서 책장 재료로 제격이랍니다. 게다가 재활용이 가능하므로 환경 보호에 도움이 되지요.

종이의 특성을 떠올리고, 종이로 만들 수 있는 가구에는 무엇이 있는지 생각해 보자.

1월 4일

기후

기후란 일정한 지역에서 여러 해 동안 나타난 기온, 비, 바람 등의 평균 상태를 말해요. 세계 여러 지역은 그 위치와 자연환경에 따라 기후가 달라요. 기후에는 지구 생태계를 이루는 자연의 모든 것이 깊이 연관되어 있다는 말이지요. 그래서 생명이 살아가는 데 있어 알맞은 기후는 필수적이랍니다.

활동

우리나라는 어떤 기후대에 속하는지, 그 특징은 무엇인지 찾아보자.

12월 26일

난방비 절약하기

겨울이 오면 집을 따뜻하게 데우기 위해 보일러 같은 난방기를 사용해요. 하지만 난방기는 에너지를 사용하며 탄소 발자국을 남겨요. 에너지를 절약하고 환경을 보호하는 생활 속 실천 방법을 소개합니다.

1. 집 안에서 평소보다 따뜻하게 옷을 입기
2. 창문에 단열재(에어캡) 붙이기
3. 방문과 창문을 잘 닫기

활동

하루 동안 난방 에너지를 절약하는 자신만의 방법을 가족과 공유하고 함께 실천해 보자.

이산화탄소

이산화탄소는 생명체에 꼭 필요한 성분인 탄소가 산소와 만나 이루어진 기체예요. 식물은 이산화탄소를 이용해 에너지를 만들고, 지구는 이산화탄소 덕분에 일정한 온도를 유지할 수 있어요. 그 자체가 해로운 게 아니라 너무 많은 양의 이산화탄소가 온실 효과를 일으켜 지구의 건강을 해치는 거예요.

활동

식물이 이산화탄소를 흡수하는 모습을 그림으로 그려 보자.

포장지 없는 가게

독일에는 '오리기날 운페어팍트'라는 특별한 슈퍼마켓이 있어요. 이곳은 세계 최초의 포장지 없는 가게로, 이 가게를 시작으로 제로 웨이스트 가게가 전 세계적으로 확산되었지요. 우리나라에도 이와 같은 가게가 생겼는데 그 시작이 바로 '더 피커(The Picker)'입니다. 그 후로 '지구샵', '덕분애' 등 많은 제로 웨이스트 가게가 생기고 있어요.

활동

오늘 하루는 일회용품 없이 생활해 보자.

1월 6일

소한

소한(小寒)은 24절기 중 스물세 번째 절기예요. 새해가 되고 처음 있는 절기인데 왜 첫 번째가 아니냐고요? 입춘이 봄의 시작을 알린다고 하여 첫 번째 절기로 치기 때문이에요. 소한은 '작은 추위'라는 뜻이 있지만 추운 겨울이 성큼 다가오는 때랍니다. 움츠러드는 추운 날씨지만, 따뜻하게 하루를 보내 봅시다.

활동

'소한'을 한자로 따라 써 보자.

小 작을 소   寒 찰 한

블루 푸드

바다에서 키우거나 잡은 수산물로 만든 식품을 말해요. 블루 푸드는 영양학적 가치가 높을 뿐만 아니라 온실가스 배출이 적고 환경 파괴를 최소화하는 식품이지요. 소고기, 돼지고기를 대신하여, 건강에도 좋고 환경에도 좋은 블루 푸드는 점점 인기가 높아지고 있어요.

활동

오늘은 생선과 함께 저녁을 먹어 보자.

1월 7일

환경 위기 시계

인류의 멸망을 예견하는 시계가 있다는 것을 아나요? 환경 위기 시계는 지구 환경이 얼마나 파괴되고 있는지 인류 생존의 위기감을 시간으로 표시한 거예요. 12시에 가까워질수록 인류와 지구가 심각한 위험에 처했다는 것을 의미해요.

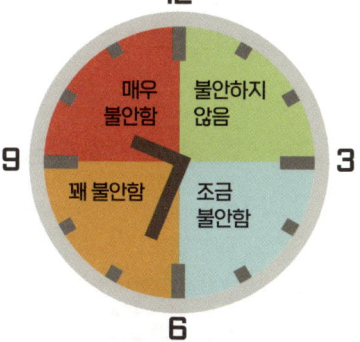

활동

우리나라의 환경 위기 시계는 몇 시 몇 분인지 찾아보자.

12월 23일

친환경 섬유

우리 옷은 다양한 재료로 만들 수 있어요. 목화나 실크로 만드는 천연 섬유도 있지만, 석유, 석탄, 천연가스 등의 원료를 화학적으로 섞어 만든 합성 섬유가 더 자주 쓰입니다. 합성 섬유는 만드는 비용은 적지만 버리는 비용은 아주 크답니다. 합성 섬유로 만든 옷은 버리게 되면 재활용이 되지 않아 환경을 오염시키기 때문이죠. 우리는 천연 섬유와 같은 친환경 섬유를 사용하여 환경 오염을 줄이도록 노력해야 해요.

활동

친환경 섬유로 옷을 만드는 회사를 찾아보자.

1월 8일

탄소 중립

'탄소'는 온실가스 대부분을 차지하는 이산화탄소를, '중립'은 어느 쪽에도 치우치지 않고 중간이 된 상태를 말해요. 탄소 중립은 사람들의 활동으로 만들어진 이산화탄소의 양과 다시 흡수된 이산화탄소의 양이 균형을 이루도록 만드는 거예요. 대기 중 이산화탄소의 양을 줄여 온실 효과가 심해지지 않도록 전 세계가 탄소 중립을 위해 노력하고 있어요.

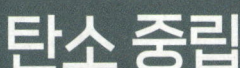

활동

'탄소 중립 송'을 따라 불러 보자.

12월 22일

물 절약은 샤워부터

우리가 지구에서 사용할 수 있는 물의 양은 매우 적고 한정되어 있어요. 그래서 평상시에 물을 절약하는 행동이 꼭 필요하답니다. 샤워할 때 물을 아낄 수 있는 방법을 알아볼까요?

1. 물을 받아 놓고 씻기
2. 절수형 샤워기 헤드로 교체하기
3. 샤워 시간 줄이기

활동

물을 절약할 수 있는 다른 방법도 생각해 보자.

1월 9일

기후 위기

기후가 변하는 건 자연스러운 일이지만 생태계가 적응할 수 없을 만큼 빠르게 변하는 것은 문제예요. 그 예로 북극의 얼음이 빠른 속도로 녹아 북극곰이 살 곳을 잃거나, 갑작스러운 기온 변화로 꿀벌이 사라지는 등 위기를 겪고 있지요. 기후 변화의 심각성을 널리 알리기 위해 '기후 위기'라는 말이 등장했어요.

활동

기후 변화에 대한 영상을 보고 기후 위기에 대해 생각해 보자.

12월 21일

동지

절기 동지(冬至)는 1년 중에 밤이 가장 긴 날로, 겨울이 깊어지는 시기예요. 동지 하면 팥죽이 가장 먼저 떠오르지요? 이는 길고 긴 밤에 귀신을 쫓기 위해 팥으로 죽을 끓여 먹었던 데서 시작되었대요.
오늘 동지 팥죽을 먹어 볼까요?

활동

'동지'를 한자로 따라 써 보자.

冬 겨울 동   至 이를 지

1월 10일

화재 경보

기후 위기로 인한 높은 기온과 가뭄으로 세계 곳곳에서 화재가 일어나 큰 피해를 입고 있어요. 2019년 9월부터 5개월간 이어진 호주의 산불로 약 30억 마리에 달하는 야생 동물이 죽거나 다쳤어요. 또 2023년 캐나다에서 일어난 화재로 울창한 숲이 사라지고 심각한 대기 오염이 발생했어요. 이처럼 기후 위기로 인한 화재는 사람뿐 아니라 지구 환경 전체에 큰 영향을 미치고 있어요.

활동

우리나라에서 기후 위기로 인해 일어난 재해에는 어떤 것이 있는지 찾아보자.

12월 20일

루트 파우치

식물의 모종을 담는 화분에도 환경을 생각한 제품이 있어요. 루트 파우치(root pouch)는 페트병을 재활용한 재료와 천연 재료를 섞어서 만든 부직포 화분이에요. 식물을 기르다가 화분을 그대로 땅에 심을 수 있어서 쓰레기가 나오지 않아요.

활동

달걀 껍데기를 화분으로 사용해서 씨앗을 심어 보자.

[TIP] 식물이 어느 정도 자란 후에는 텃밭에 옮겨 심으면서 달걀 껍데기를 잘게 부수어 거름으로 주세요.

1월 11일

달라지는 사계절

여러분은 무슨 계절을 가장 좋아하나요? 미래에도 지금과 같은 계절이 있을까요? 과거와 비교해서 최근은 여름이 20일 길어지고, 겨울이 22일 짧아졌어요. 빠른 속도로 길어지는 무더운 여름을 막고 사계절의 아름다움을 함께 지켜 나가려면 어떤 노력이 필요할까요?

활동

봄, 여름, 가을, 겨울 각 계절이 가진 저마다의 아름다움을 한 가지씩 떠올려 보자.

12월 19일

생태 발자국 줄이기

지금까지 탄소 발자국, 물 발자국 등 에너지 사용 지표가 되는 다양한 발자국을 배웠어요. 그렇다면 어떻게 생태 발자국을 줄일 수 있을까요? 우리가 생활 속에서 사용하는 에너지를 줄이는 것이 중요해요. 엘리베이터보다 계단 이용하기, 안 쓰는 콘센트 뽑기, 전자기기 밝기 낮추기 등 쉬운 행동으로도 에너지를 크게 줄일 수 있답니다.

활동

이외에 생태 발자국을 줄일 수 있는 활동을 생각해 보자.

1월 12일

폭염과 폭우

2023년 여름, 우리나라에 극심한 폭염과 폭우가 번갈아 일어나 사람이 다치거나 죽기도 했어요. 우리나라뿐 아니라 지구 반대편인 남아메리카에는 겨울인데도 폭염주의보가 내려지기도 했지요. 그뿐인가요? 미국 데스벨리 사막에는 일 년에 내릴 비가 하루에 내려 사막 생태계가 혼란에 빠졌어요. 이처럼 기후 재난은 세계 곳곳에서 일어나고 있답니다.

활동

최근 3년간 세계 곳곳에서 일어난 기후 재난의 예를 찾아보자.

[TIP] 폭염, 폭우, 대규모 산불 등의 키워드로 검색해 보세요.

12월 18일

플로깅

플로깅은 뛰거나 걸으면서 쓰레기를 줍는 일을 말해요. 운동과 환경 보호를 동시에 하는 활동이지요. 단순한 걷기보다 열량 소비가 많아 운동 효과도 높고, 쓰레기를 주워서 환경 보호에도 도움이 되니 일거양득이라고 할 수 있어요. 산책하러 나갈 때 쓰레기봉투를 하나 챙겨 보면 어떨까요?

활동

가족이나 친구와 함께 플로깅을 해 보자.

1월 13일

구상나무

크리스마스트리로 자주 쓰이는 구상나무는 우리나라 고유종으로, 한라산, 지리산, 덕유산 등 높은 지대에 넓게 분포해 있어요. 그런데 기후 위기 때문에 기온이 급격히 변하고 땅속 수분량이 크게 바뀌어 구상나무가 말라 죽고 있어요. 이대로라면 21세기가 끝나기 전 우리나라에서 구상나무가 사라질 수도 있어요.

활동

푸른 잎이 무성한 구상나무를 그려 보자.

12월 17일

곶감

제철 음식은 건강에도 좋지만, 환경에도 중요해요. 왜 그럴까요? 제철이 아닌 식재료는 키우거나 운반하는 과정에서 에너지가 많이 필요하기 때문이에요. 즉, 탄소 발자국이 크게 발생하지요. 제철 음식을 먹는 것은 지구 환경을 지키는 일도 된답니다. 겨울철을 대표하는 제철 음식인 곶감을 먹어 보세요.

활동

곶감을 한 번 먹어 보자.

1월 14일

기후 난민

태평양에 있는 작은 섬나라 투발루가 기후 위기 때문에 세계에서 가장 먼저 사라질 위기에 놓였어요. 지구가 점점 따뜻해져서 육지의 빙하가 녹아, 바다 높이가 점점 높아지고 있거든요. 이대로라면 투발루 국민은 최초의 기후 난민이 될 거예요. 인간의 이기심으로 생긴 기후 위기는 다시 사람에게 돌아오고 있어요.

활동

해수면이 상승하면 한반도는 어떤 영향을 받을지 생각해 보자.

12월 16일

생태 발자국

사람들이 무엇인가 만들고, 사용하고, 버리는 데 필요한 모든 자원을 땅의 넓이로 나타낸 것을 생태 발자국이라고 해요. 탄소 발자국, 물 발자국과 비슷한 개념이지요. 우리가 지구라는 자원을 얼마나 사용하고 있는지, 인간의 행동이 자연에 얼마나 피해를 주는지 표시한 것이라고 할 수 있어요. 기업에서는 생태 발자국을 라벨에 표시하여 친환경 제품을 만들어 가는 노력을 기울이고 있어요.

활동

생태 발자국과 비슷한 개념인 물 발자국에 관해 조사해 보자.

1월 15일

기후 변화 대응 전문가

기후 변화 대응 전문가는 기후 변화를 예측하고, 기후 변화의 원인과 영향력을 파악한 후 대응 방안을 제안하는 일을 해요. 기후 변화와 관련된 정부 기관에서 연구하거나, 기후 변화에 대응하기 위한 교육 자료를 만들어 널리 알리지요. 또는 일반 기업에서 환경 경영(ESG 경영)을 위한 업무를 담당하기도 해요.

활동

기후 변화 대응 전문가에 대한 더 많은 정보를 찾아보자.

12월 15일

친환경 제품 디자이너

같은 제품이라도 환경을 해치지 않고 만들 수 있어요. 친환경 제품 디자이너는 제품을 설계, 생산, 판매하는 모든 과정에서 환경 오염 물질을 최소화하는 것에 중점을 두고 물건을 만들어요. 그러면서도 제품의 기능과 품질, 디자인을 놓치지 않고 만들지요. 우리도 제품을 살 때 환경 친화적인 것을 고를 수 있는 안목이 필요하겠지요?

활동

일상 용품을 하나 고르고, 그 물건의 생산 과정에서 환경 피해를 줄일 방법을 생각해 보자.

1월 16일

끓는 지구

심각한 폭염이 있었던 2023년 7월, 유엔 사무총장은 "지구 온난화 시대가 끝나고 지구 열대화 시대가 왔다"고 강하게 경고했어요. 부글부글 끓고 있는 지구의 모습을 상상하니 섬뜩하지요? 지구 온도가 더 높아지지 않도록 책임감 있게 행동하는 것을 '기후 행동'이라고 해요. 우리에게 기후 행동은 이미 선택이 아닌 필수가 되었어요.

활동

빨갛게 달아오른 지구의 모습을 상상하여 그려 보자.

탄소 발자국

지구의 온도는 점점 올라가고 있어요. 지구 온난화를 일으키는 기체를 온실가스라고 하는데, 지구의 모든 생명체는 살아가면서 온실가스를 내뿜지요. 이 중 사람과 단체가 내뿜는 온실가스의 양을 나타낸 것을 탄소 발자국이라고 해요. 일상에서 안 쓰는 전자 제품의 플러그를 뽑아 두거나 실내 온도를 적절하게 유지하는 등 작은 에너지 절약 실천만으로도 탄소 발자국을 줄일 수 있어요.

활동

집이나 마트에서 저탄소 인증 마크를 찾아보자.

귤

겨울 대표 과일 귤! 겨울에는 손끝이 노랗게 될 때까지 새콤달콤한 귤을 까먹는 재미가 있지요. 제철 과일은 영양소가 풍부해서 건강에도 좋지만, 환경에도 좋답니다. 제철 과일은 그렇지 않은 과일보다 키우는 과정이나 배송하는 과정에서 이산화탄소를 적게 배출하거든요.

활동

겨울철 과일인 귤을 먹고, 껍질을 말려 차로 마셔 보자.

12월 13일

기후 시민

기후 위기에 대응하여 인간으로서 누려야 할 권리와 책임을 생각하고, 자기 삶 속에서 기후 행동을 실천하는 시민을 기후 시민이라고 해요. 우리나라는 2050년 '탄소 중립(Net Zero)'을 목표로 하고 있는데, 정부 정책이나 기업투자만으로 가능하지 않아요. 기후 위기 해결에 가장 큰 힘을 가진 주체는 바로 시민이라는 점을 인식하고 우리가 해야 할 일을 생각하고 기후 시민으로 행동하는 것이 필요해요.

활동

영상을 보고, 기후 시민으로서 내가 할 수 있는 일을 생각해 보자.

1월 18일

기후 변화 적응

적응이란 주변 환경에 알맞은 방식으로 변하는 것을 말해요. 기후 변화를 멈추기는 어렵기 때문에 변화하는 환경에 건강한 방향으로 적응해 나가는 과정이 필요해요. 결국 우리가 살아가야만 하는 곳은 지구이니까요!

활동

기후 변화 적응의 예시를 찾아보자.

[TIP] 기후 변화 적응, 에너지 제로하우스, 무더위 쉼터 등을 키워드로 검색해 보세요.

식물 기르기

채소를 기를 때 대부분 다양한 화학 비료와 농약을 사용해요. 이런 비료와 농약을 사용하지 않는 농법을 유기농이라고 해요. 땅의 힘을 믿고 자연 퇴비나 유기질 비료만을 사용하지요. 유기농은 과정은 힘들지만 토양 오염을 낮추는 등 환경에 미치는 영향을 줄일 수 있어요. 간단한 채소를 유기농으로 집에서 기르면 건강은 물론 환경에도 도움이 된답니다.

집에서 무순을 길러 보자.

1월 19일

탄소 중립 포인트제

환경을 보호하는 것은 미래에 소비해야 할 것을 줄이는 것과 같아요. 환경을 보호하면서 돈도 아낄 수 있는 방법, 탄소 중립 포인트제가 있어요. 이것은 많은 사람이 탄소를 줄이는 생활 습관을 지닐 수 있도록 친환경 활동에 포인트를 주는 제도예요. 친환경 제품 구매, 텀블러 사용, 전자영수증 등 일상에서 작은 것부터 실천할 수 있어요.

활동

탄소 중립 포인트를 쌓을 수 있는 기업에는 무엇이 있는지 알아보자.

12월 11일

국제 산의 날

유엔이 산의 가치와 중요성을 널리 알리고 산을 보호하기 위하여, 지속 가능한 산림 개발을 위해 만든 날이에요. 산은 우리에게 필요한 산소를 만들 뿐만 아니라, 온실가스와 미세 먼지를 흡수한답니다. 나무 한 그루가 1년간 흡수하는 탄소의 양이 22kg이라고 하니, 나무를 심고 가꾸는 것은 곧 지구 온도를 낮추는 일이지요. 산불이 나지 않도록 조심하고 마구 벌목하지 않도록 하여 산을 아끼고 보호합시다.

활동

우리 집에서 가장 가까운 산의 이름을 세 군데 적어 보자.

1월 20일

대한

오늘은 24절기 중 마지막 절기인 대한(大寒)이에요. 큰 추위라는 뜻인 대한은 한 해를 매듭짓는 중요한 절기예요. '소한의 얼음 대한에 녹는다'는 속담이 있듯이, 대한은 소한보다 따뜻해서 곧 봄이 오는 것을 알려준답니다.

활동

'대한'과 관련된 속담을 따라 써 보자.

소한의 얼음 대한에 녹는다

[TIP] 글자로만 보면 대한이 소한보다 추울 것 같은데 사실은 소한 무렵이 더 추운 것을 말하는 속담입니다.

12월 10일

슬로 패션

천연 소재와 친환경 염색 방법 등을 이용해 환경과 인체에 미치는 좋지 않은 것들을 최소한으로 하는 패션이에요. 또 유행을 따르지 않고 옷을 오랫동안 사용함으로써 불필요한 탄소의 발생을 줄이는 것도 포함하지요. 슬로 패션과 반대되는 개념으로, 최신 유행을 따라 빠르게 팔리고 버려지는 패션을 무엇이라고 할까요? 바로 패스트 패션이에요. 패스트 패션은 환경에 큰 부담을 준답니다.

활동

내 옷장을 정리하고 슬로 패션을 위한 행동에는 무엇이 있을지 생각해 보자.

기후 행동 1.5°C

세계 각국은 기후 변화의 피해를 줄이기 위해 지구 기온 상승을 1.5°C 이내로 막자고 약속했어요. 우리나라에서는 '기후행동1.5°C'라는 웹페이지를 만들어 많은 사람이 기후 행동을 실천할 수 있도록 돕고 있어요. 내가 할 수 있는 기후 행동에는 무엇이 있을지 생각해 보면 어떨까요?

활동

'기후 행동 1.5°C'에 접속해서 기후 행동 퀴즈를 풀어 보자.

12월 9일

수세미

설거지를 할 때 꼭 필요한 물건이 수세미예요. 그런데 수세미는 플라스틱으로 만든 것이 대부분이라 미세 플라스틱을 배출하는 등 여러 환경 문제를 일으키지요. 이 문제는 간단히 해결할 수 있어요. 바로 수세미라는 식물의 열매로 만든 천연 수세미를 사용하는 것이에요. 사실 플라스틱 수세미가 없던 시절에는 이것을 사용했답니다. 환경에도 좋고 피부에도 좋은 천연 수세미를 사용해 보세요.

활동

집에서 천연 수세미를 만들어 보자.

1월 22일

기후 변화 폰트

인쇄할 때도 환경을 보호할 수 있어요. '탄소중립체'라는 폰트를 사용해 보세요. 인쇄되는 글자 안에 미세하게 빈 부분을 만들어 인쇄 잉크를 절약하는 거예요. 또 지구 온난화로 인해 녹아가는 빙하의 모습을 본떠 만든 '기후위기체'도 있어요. 환경에도 도움이 되고 기후 변화를 알릴 수도 있는 기후 변화 폰트를 함께 사용해 봐요.

지구를 지키는
  글씨체

활동

탄소중립체, 기후위기체를 사용하여 기후 행동을 다짐하는 문장을 만들어 보자.

친환경 마크

물건을 만들 때는 어쩔 수 없이 환경 오염이 일어나요. 그러나 오염을 적게 할 수는 있어요. 그래서 기업이 환경 보호를 위해 다양한 노력을 기울이며 만든 물건에는 친환경 마크를 달아 인증해 줍니다.

활동

집에 있는 물건 중에 친환경 마크가 붙어 있는 제품을 찾아보자.

1월 23일

기후 소송

2023년 미국 역사상 처음으로 청소년들이 기후 소송에서 승리를 거뒀어요. 몬태나주 정부가 계속하고 있는 화석 연료 개발이 미래 세대의 '깨끗하고 건강한 환경에서 살 권리'를 침해했다고 판결이 난 거예요. 최근 5년간 기후 소송이 2배 이상 늘었는데, 이는 많은 사람이 환경에 관심을 두고 적극적으로 행동하고 있다는 말이겠지요.

퀴즈

미국 몬태나주 법원에서 판결한 바에 따르면, 환경 오염으로 침해당한 미래 세대의 권리는 _____ 하고 _____ 한 환경에서 살 권리이다.

대설

겨울 하면 눈이 생각나지요. 일 년 중 눈이 가장 많이 내리는 날이라는 절기 대설(大雪)이에요. 대설이 되면 선조들은 긴 겨울을 날 준비를 했어요. 콩으로 메주를 쑤어 한 해 동안 먹을 장을 준비해요. 특히 대설에 메주를 쑤면 맛있게 익는다고 하여 정성을 다해 만들었답니다.

활동

'눈'과 관련된 속담을 따라 써 보자.

눈은 보리의 이불이다

[TIP] 소복이 내린 눈은 이불처럼 보리를 덮어 주어 추위를 막아준답니다.

1월 24일

채식 식단

채소를 좋아하는 사람만 채식을 할 수 있을까요? 관심만 가지면 누구나 맛있는 채식을 시도할 수 있어요. 육수 분말 대신 채수 분말이 들어간 비건 라면을, 소시지 핫도그 대신 씨앗 호떡을 고를 수 있지요. 이처럼 마음만 있으면 누구든 채식 식단에 도전할 수 있답니다.

활동

집에서 따끈한 호떡을 만들어 보자.

12월 6일

용돈 기입장

그리 필요하지 않은 물건을 산 적이 있나요? 계획하지 않은 물건을 사면 용돈이 부족해질 뿐 아니라, 자원을 낭비하고 환경을 파괴하게 돼요. 이때 용돈 기입장을 써 보세요. 용돈 기입장에 내가 받은 용돈과 쓴 용돈을 기록하면 용돈을 계획해서 사용할 수 있어요.

활동

이면지로 용돈 기입장을 만들어 사용해 보자.

[TIP] 인터넷으로 '용돈 기입장 만들기'를 검색하여 만드는 방법을 참고하세요.

1월 25일

겨울잠

사람은 하루에 최소 7~8시간은 자야 해요. 동물도 마찬가지예요. 겨울잠을 자는 동물들은 기온이 떨어지는 겨울이면 잠자리에 들었다가 다음 해 봄이 되어 날이 따뜻해지면 겨울잠에서 깨어나지요. 하지만 최근 기후 위기로 겨울이 짧아지면서 겨울잠 자는 동물들의 생태계가 혼란에 빠지고 있답니다.

활동

겨울잠을 자는 동물에는 무엇이 있는지 알아보자.

세계 토양의 날

우리가 살아가는 데 꼭 필요한 것이 땅이에요. 유엔에서는 토양의 중요성을 널리 알리고 보호하기 위해 이 날을 정했어요. 땅은 스스로 깨끗해지는 능력이 있지만 공장에서 나온 쓰레기나 가축을 키우면서 나오는 쓰레기를 땅에 버리면 회복하기 힘들 정도로 토양이 오염되지요. 특히 토양 오염은 오염 물질이 빗물에 쓸려 호수나 바다로 흘러가는 등 수질 오염까지 일으켜요.

활동

집 주변의 쓰레기를 주워 보자.

1월 26일

지구 생태 용량 초과의 날

한 해에 주어진 물, 공기, 토양 등 생태 자원을 인류가 다 써 버리는 날이에요. 생태 용량 초과의 날이 된 다음 날부터는 지구가 만들 수 있는 자원보다 더 많은 생태 자원을 사용한다는 것이지요. 1971년부터 매해 발표하는데, 처음엔 12월 정도에 지구 생태 용량 초과의 날이 되었지만, 최근에는 7월까지 당겨졌어요.

퀴즈

지구 생태 용량 초과의 날은 해당 날 이후부터는 미래 세대의 자원을 당겨쓰는 것이다. O X

[TIP] 한 해 동안 주어진 자원을 다 써 버린 지구 생태 용량 초과의 날 이후로 쓰는 모든 자원은 미래 세대의 자원을 당겨쓰는 것입니다.

정답 O

12월 4일

무환자나무

소프넛 열매라고 들어 보았나요? 무환자나무의 열매(soapberry)를 영어로 하면 비누(soap) 열매라는 뜻이에요. 이 열매 부분에는 사포닌 성분이 들어 있어요. 이 사포닌은 거품을 내어 깨끗하게 하는 성분이라 비누나 주방 세제 대신 사용할 수 있어요.

활동

소프넛 열매로 빨래를 해 보자.

1월 27일

탄소 나무 계산기

내가 사용한 에너지로 얼마나 많은 이산화탄소가 발생했는지, 그만큼의 이산화탄소를 흡수하려면 몇 그루의 나무가 필요한지 알려 주는 계산기예요. 일상에서 얼마의 탄소를 배출하고 있는지, 지구에 미치는 영향을 숫자로 본다면 기후 위기가 얼마나 심각한지 온몸으로 느낄 수 있을 거예요.

활동

이번 달 우리 집 전기 사용량을 탄소 나무 계산기로 계산해 보자.

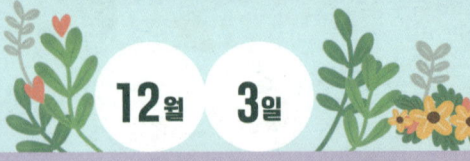

12월 3일

귀리

우유를 얻기 위해 젖소를 키우려면 많은 물과 에너지가 필요해요. 이 물과 에너지를 아낄 수 있는 딱 맞는 대체 식품이 있어요. 바로 귀리예요. 귀리는 우유만큼 단백질 등 영양소가 풍부한데도, 우유를 얻는 데 드는 에너지의 10%로 귀리를 재배할 수 있답니다.

귀리 우유나 귀리를 이용한 제품을 찾아보자.

인류세

지구의 역사는 땅속을 보면 알 수 있어요. 지질학자들은 땅속을 분석해 큰 변화가 생긴 시기마다 각각 다른 이름의 시대로 구분했어요. '인류세'란 새로운 지질 시대로, 산업혁명 이후 인간의 과학과 생활이 지구 환경에 큰 변화를 일으킨 시대를 뜻해요. 우리가 생활하며 남기는 많은 흔적은 땅속에 남아 지금 이 시대를 나타낼 거예요.

활동

인류세를 대표하는 사람들의 흔적에는 무엇이 있을까? 검색해 보자.

12월 2일

손수건 챌린지

매년 미국에서는 휴지를 만들기 위해 8만 그루의 나무가 잘려 나갑니다. 휴지의 가장 큰 단점은 한 번 사용된 것은 재활용할 수 없다는 점이에요. 이렇게 많은 나무를 희생하게 만드는 휴지를 어떻게 하면 아낄 수 있을까요? 바로 손수건을 사용하는 것이에요. 손수건 사용으로 휴지 사용을 줄이면 우리의 나무를 지킬 수 있어요.

활동

하루 동안 손수건을 가지고 다니며 휴지 대신 사용해 보자.

1월 29일

기후 변화 완화

기후가 변하는 것은 자연스러운 일이지만 기후가 너무 빨리 변하는 것은 그곳에 사는 생명체를 위험에 빠뜨리는 일이에요. 그래서 우리는 기후 변화를 유발하는 탄소 배출을 줄이거나 배출된 탄소를 흡수하려는 여러 노력을 하고 있어요. 우리 자신을 포함한 지구의 수많은 생명을 위해 일상생활에서 어떤 실천으로 기후 변화의 속도를 늦출 수 있을까요?

활동

일상에서 탄소 배출을 줄일 수 있는 방법을 생각해 보고, 한 가지를 정해 실천해 보자.

12월 1일

지속 가능한 삶

현재를 살아가는 나뿐만 아니라 미래 세대도 배려하는 지속 가능한 삶은 지구 환경을 보전하는 데 가장 중요한 개념입니다. 12월에는 이 멋진 지구를 미래에 태어날 아이들에게 물려주기 위해서 지속 가능한 삶에 대해 알아 보아요.

활동

지속 가능한 삶을 위해 우리 환경을 스스로 지켜나가기로 약속하자.

1월 30일

그레타 툰베리

2018년 여름, 15살 소녀 그레타 툰베리는 스웨덴 국회의사당 앞에서 기후 변화 대책 마련을 요구하며 1인 시위를 벌였어요. 이 시위는 전 세계 수백만 명의 학생이 참가하는 '미래를 위한 금요일(Fridays for Future)' 운동으로 이어졌어요. 그리고 유엔 기후행동정상회의에서 연설에 나서서 각 나라 대표들이 온실가스를 줄이기 위한 실제 행동을 하지 않고 있다고 비판했어요.

활동

그레타 툰베리의 연설을 들어 보자.

1월 31일

1월 돌아보기

우리는 다른 생명체들과 지구라는 집을 나누어 쓰고 있어요. 1월 환경 일력을 통해 모두가 건강하고 행복한 삶을 위해서 지구의 건강을 지키는 것이 얼마나 중요한지 알게 되었어요. 한 달 동안 실천한 것을 되돌아보며, 새롭게 알게 된 사실이나 가장 기억에 남는 활동 세 가지를 적어 보세요.

1. _____
2. _____
3. _____

활동

2월에도 지속해서 실천하고자 하는 기후 변화 완화 활동을 생각해 보자.

11월 30일

11월 돌아보기

지금도 세계 여러 나라는 환경 문제를 공정하게 해결하기 위해 큰 노력을 하고 있어요. 불평등한 환경 문제들이 공정하게 해결되려면 모두 책임감 있는 자세가 필요해요. 한 달 동안 실천한 것을 되돌아보며, 새롭게 알게 된 사실이나 가장 기억에 남는 활동 세 가지를 적어 보세요.

1. _____
2. _____
3. _____

활동

12월에도 지속해서 실천하고자 하는 환경 정의 활동을 생각해 보자.

11월 29일

고니

경기도 하남시의 당정섬엔 겨울마다 찾아오는 반가운 손님이 있어요. '백조'라고도 불리는 천연기념물 고니입니다. 고니는 러시아에 살다가, 겨울이 되면 추위를 피해 우리나라에 머무릅니다. 하남시의 고니학교에 가면 직접 고니에게 먹이를 주고, 가까이서 고니를 관찰할 수 있어요.

활동

겨울이 지나면 러시아로 길을 떠날 고니를 위해
고니가 제일 좋아하는 고구마 도시락을 그려 보자.

2월 1일

자원 순환

생활하다 보면 자기도 모르게 많은 쓰레기를 만들어요. 하지만 쓰레기도 잘 버리면 자원이 되지요. 분리배출을 통해 쓰레기를 새로운 자원으로 사용할 수 있어요. 자원 순환은 물건을 만들고 다시 사용하는 과정에서 불필요한 낭비를 줄이고 올바르게 분리배출하는 등의 행동을 말해요.

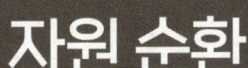

활동

'자원 순환'의 뜻을 담아 사행시를 지어 보자.

11월 28일

롭 그린필드

온몸에 플라스틱, 종이 상자 등의 쓰레기를 매단 희한한 옷을 입고 미국의 거리에서 쇼를 보여준 한 사람이 있어요. 바로 롭 그린필드입니다. 롭 그린필드는 30일 동안 평범하게 생활하며 자신이 버리는 쓰레기를 모아서 옷을 만들었어요. 한 사람이 얼마나 많은 쓰레기를 버리는지(하루에 약 2.2kg) 알린 이 퍼포먼스는 사람들에게 쓰레기 문제의 심각성을 알렸어요.

활동

내가 하루 동안 내놓는 쓰레기를 모아 그 양을 확인해 보자.

2월 2일

세계 습지의 날

1971년 이란 람사르에서 열린 국제회의에서는 습지의 가치와 중요성을 널리 알리기 위하여 세계 습지의 날을 만들었어요. 그리고 지금까지 람사르협회는 세계의 중요한 습지를 지정·보호하고 있어요. 습지는 생물에게 다양한 서식 환경을 제공하여 보존이 매우 중요하기 때문이죠. 또한 습지는 홍수와 가뭄을 조절하고, 어업과 농업 생산에도 도움을 주고, 휴양과 생태교육 등 환경적·경제적 가치가 높아요.

활동

우리나라에서 람사르협회에 등재된 곳은 최초로 지정된 대암산 용늪을 비롯해 연안습지 7곳, 내륙습지 17곳이다. 내가 사는 지역에도 습지가 있는지 조사해 보자.

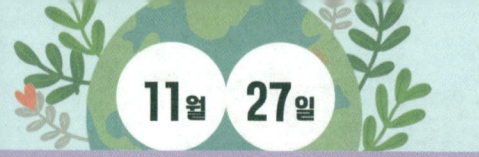

배추

배추는 우리 생활과 떼려야 뗄 수 없는 채소입니다. 바로 김치를 만드는 재료이기 때문이죠. 배추는 사계절 내내 먹을 수 있지만, 특히 11월에 나오는 겨울 배추는 낮은 온도에도 쉽게 상하지 않고 오랫동안 보관하기 좋아 김장에 쓰인답니다. 배추는 장의 활동을 활발하게 해 주고, 비타민 C가 풍부해요.

김장에 필요한 재료를 찾아 써 보자.

자원 순환 5R 운동

미국의 환경 운동가 비 존슨(Bea Johnson)은 자원 순환을 실천할 수 있는 5가지 원칙을 제안했어요. 거절하기(Refuse), 줄이기(Reduce), 재사용하기(Reuse), 재활용하기(Recycle), 썩히기(Rot)가 그것이에요. 자원 순환 5가지 실천 원칙은 일상에서 누구나 쉽게 할 수 있는 환경 운동이랍니다.

활동

일상생활에서 실천할 수 있는 5R의 예를 생각해 보자.

11월 26일

아무것도 사지 않는 날

물건을 만들 때는 반드시 쓰레기가 나오고 에너지가 쓰여요. 하지만 유행이 빠른 현대 사회에서 사람들은 쉽게 물건을 사고 버리죠. 지나친 소비로 인한 자원 낭비, 환경 오염 문제를 반성하기 위해 아무것도 사지 않는 날이 만들어졌어요. 물건을 사기 전 꼭 필요한 물건인지 고민하고 신중하게 구매하는 습관이 나에게도, 지구에도 큰 도움이 된답니다.

활동

물건을 사기 전 생각해 봐야 할 질문 목록을 만들어 보자.

① 친환경적으로 만들어졌나요?
② 집에 이미 있는 물건인지 확인해 보았나요?
③

2월 4일

입춘

24절기의 첫 번째인 입춘(立春)은 그 이름처럼 봄이 시작하는 날이에요. 이때가 되면 봄바람이 불어서 얼어 있던 땅이 녹고, 겨울잠 자던 벌레들이 깨어나 움직이기 시작해요. 선조들은 새해 시작의 의미로 좋은 문구를 써서 집 대문이나 기둥에 붙이는 '입춘첩'을 준비하며 한 해 동안 경사스러운 일이 많기를 기원했답니다.

활동

올해 소망을 담아 입춘첩을 만들어 보자.

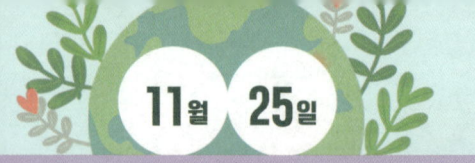

11월 25일

공정 무역

여러분이 좋아하는 초콜릿의 원재료 카카오는 대부분 아프리카에서 생산됩니다. 아이들은 학교도 가지 못한 채 카카오를 수확하지만 제대로 된 임금을 받지 못하고 있어요. 공정 무역은 아동 노동을 금지하고, 노동자에게 정당한 임금을 제공하는 것을 말합니다. 공정 무역 상품에는 인증 마크가 그려져 있어요.

활동

공정 무역 초콜릿 회사 사장이 되어, 공정 무역 초콜릿 포장지를 디자인해 보자.

거절하기

필요 없는 물품이라면 '거절하고 (Refuse)' 받지 않으면 자원 순환을 실천할 수 있어요. 물건을 구매하거나 음식을 주문할 때 집에 있는 것은 받지 않는 거예요. 사은품, 광고 물품, 전단 등 나에게 불필요한 물건을 거절하는 것만으로도 자원을 아낄 수 있어요.

활동

배달 음식을 주문할 때 '일회용 수저, 포크는 필요 없어요'를 눌러 거절해 보자.

11월 24일

탄소 국경 조정제도

유럽연합(EU)에서 도입한 탄소 국경 조정제도는 물건을 만들 때 나오는 탄소만큼 세금을 더 내도록 합니다. 우리나라는 석유를 이용하여 생산하는 제품이 많아서 탄소 국경 조정제도가 도입되면 큰 손해를 볼 수도 있어요. 그래서 우리 기업은 신재생 에너지를 사용하는 등 탄소를 적게 배출할 수 있는 방법을 찾고 있답니다.

활동

탄소 국경 조정제도의 대상이 되는 품목 5가지를 찾아 써 보자.

2월 6일

줄이기

자원 사용을 '줄이는(Reduce)' 것은 자원 순환의 한 실천 방법이에요. 필요한 물건만 구매하여 소비를 줄이고, 포장이 간소한 제품을 선택하여 쓰레기를 줄이는 거지요.  물건을 사기 전 필요한 물건이 무엇인지 생각해 보고 구매 목록을 작성하면 줄이기 실천이 아주 쉬워진답니다.

활동

우리 가족의 먹거리 구매 목록을 작성해 보자.

11월 23일

코끼리 보호소

태국에서 코끼리는 관광 수단이었어요. 사람들은 코끼리를 타는 체험, 코끼리 쇼를 펼치며 돈을 벌었지요. 태국의 상둔 렉 차일러는 사람들이 코끼리를 심하게 매질하며 훈련시키는 것을 보고 코끼리 보호소를 만들었어요. 학대받던 코끼리, 어미를 잃은 코끼리 등을 모아 치료했어요. 코끼리 보호소에 가면 자유롭게 살아가는 코끼리를 멀리서 관찰할 수 있답니다.

활동

쇼를 하던 코끼리가 자유롭게 살게 되었다면 어떤 기분일지 상상하여 일기를 써 보자.

우엉

계절이 겨울에서 봄으로 바뀌는 2월은 독감을 비롯한 호흡기 질환을 조심해야 해요. 이때 우엉을 먹으면 감기 예방에 효과가 있어요. 우엉에는 사포닌 성분이 풍부해서 면역력을 높여주거든요. 또 섬유질이 풍부해서 변비를 예방하고, 비만 예방에도 도움을 주지요.

활동

가족들과 함께 따뜻한 우엉차를 마셔 보자.

11월 22일

소설

절기 소설(小雪)은 첫눈이 내리는 날이에요. 기온이 급격히 낮아지면서 겨울이 시작되는 시기이죠. 우리 선조들은 긴 겨울을 따뜻하고 든든하게 보내기 위한 준비를 했어요. 땔감을 만들고, 시래기*와 호박을 말리고, 소에게 먹이로 줄 볏짚을 모았어요.

*시래기: 무청이나 배춧잎을 말린 것. 말려서 볶거나 국을 끓이는 데 쓴다.

활동

옛날에는 입동쯤에 김장을 했지만, 요즘에는 소설에 김장하는 집이 많다고 한다. 그 이유를 추리해 보자.

음식물 쓰레기 분리배출

가정에서 배출한 음식물 쓰레기는 어떻게 활용될까요? 음식물 쓰레기는 선별장에서 이물질을 거르고 건조 과정을 거쳐 분쇄한 후 저장해요. 이러한 과정을 거쳐 음식물 쓰레기는 사료, 퇴비로 재활용되고, 바이오 가스로 바꾸어 자동차 연료 등의 에너지로 다시 사용될 수 있어요. 자원 순환이 될 수 있도록 선별해서 버리도록 해요.

활동

음식물 쓰레기로 버릴 수 없는 것은 무엇인지 찾아보자.

| 조개 / 달걀 / 호두 껍데기 / 복숭아 씨 / 파 뿌리 / 고추 씨 / 마늘 뿌리 / 티백 / 과일 껍질 |

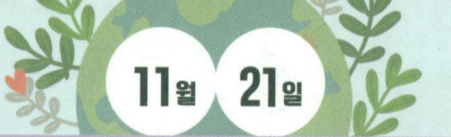

11월 21일

구절초

구절초는 우리나라의 야생화예요. 들국화라고 불리며, 가을이 되면 길가 곳곳에서 쉽게 볼 수 있어요. 우리 선조들은 구절초를 약재로 활용했어요. 동의보감에 따르면 구절초는 배를 따뜻하게 하여 소화를 돕는 효능이 있어요. 이처럼 식물은 약재로 쓰여 인간에게 도움을 주기도 한답니다.

활동

동네를 산책하며 구절초를 찾아 사진을 찍어 보자.

2월 9일

재사용하기

사용한 일회용품이 있다면 깨끗이 씻어서 '다시 사용하면 (Reuse)' 자원 순환을 할 수 있어요. 한 번 쓰고 버리지 말고 고쳐서 쓰거나 중고 제품을 사용하는 것도 물건을 재사용할 수 있는 방법이에요. 처음부터 재사용이 가능한 물건을 구매해서 오래 사용하는 것이 가장 좋겠죠?

활동

일회용품 용기를 깨끗이 씻어 정리함으로 다시 사용해 보자.

RE100

RE 100 RE100은 'Renewable(재생 가능한)'과 'Energy(에너지)'를 줄인 말이에요. 세계의 기업들이 사용하는 에너지 100%를 재생 에너지로 바꾸자는 캠페인이에요. 재생 에너지를 사용하여 제품을 만드는 것은 환경을 보호하기 위해 기업이 노력하겠다고 약속하는 것이죠. 애플, 구글, 마이크로소프트 등 세계 유명 기업뿐 아니라 삼성전자, SK하이닉스 등 국내 대기업들도 가입했답니다.

활동

RE100을 따라 써 보자.

Renewable Energy 100

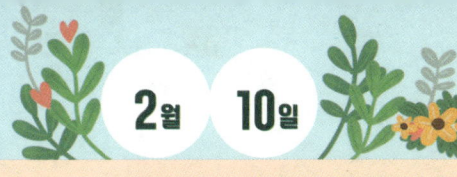 

공유 텀블러

카페에서 음료를 사면 대부분 플라스틱 컵에 담아 주지요. 이때 개인 텀블러를 사용하면 자원 사용을 크게 줄일 수 있어요. 만약 개인 텀블러가 없다면 공유 텀블러를 사용해 보세요. 다회용 플라스틱 컵에 음료를 받고, 음료를 다 마신 후 정해진 장소에 반납하면 돼요. 반납된 컵은 세척 과정을 거쳐 다시 사용한답니다.

활동

근처에 공유 텀블러를 사용하는 가게가 있는지 알아보자.

11월 19일

세계 화장실의 날

세계의 약 900만 명은 화장실이 없어 강, 들판 등 야외에서 배변합니다. 이는 땅과 지하수를 오염시키고, 오염된 지하수는 사람들에게 설사, 콜레라, 장티푸스 등 병을 옮기지요. 화장실이 없는 것은 단순히 불편한 것이 아니라, 위생, 안전, 환경 오염 등 많은 문제와 연결되어 있어요. 개발도상국의 화장실을 보급·개선하는 등의 사업을 통해 인류의 보건과 위생을 향상시키기 위해 세계 화장실 협회가 활동하고 있어요.

퀴즈

① 화장실을 사용하는 인구는 핸드폰을 사용하는 인구보다 많다. **O X**
② 변기는 냉장고 손잡이보다 더 깨끗하다. **O X**

정답 ① X ② O

재활용하기

'재활용(Recycle)'은 쓰레기를 다시 사용할 수 있게 만드는 과정이에요. 예를 들어 상자나 종이가방을 다시 활용할 수 있는 종이 물품으로 만드는 거예요. 사용한 물건을 재활용한다면 돈과 에너지는 물론 폐기물을 처리하는 시간까지 줄일 수 있어요. 또 쓰레기를 소각할 때 나오는 유독 물질을 줄여 환경 보전에도 큰 도움이 되지요.

활동

우리 동네 재활용 센터는 어디에 있는지 찾아보자.

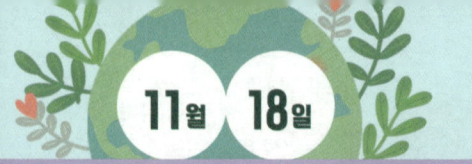

11월 18일

국제삼림관리협회

숲은 종이, 휴지, 가구 등 우리에게 꼭 필요한 물건을 내어 줍니다. 하지만 지나치게 많은 나무를 베어 숲이 사라지면 안 되겠죠. 국제삼림관리협회(FSC)는 숲이 유지되도록 관리하는 국제단체예요. 환경을 보호하는 방식으로 만들어진 종이류, 목제 가구 등에 인증 마크를 붙입니다. 꼭 구매해야 할 상품이 있다면, FSC 마크가 붙어 있는 상품을 고르는 것이 지구에 도움이 되겠죠?

활동

내가 가진 물건 중 FSC 마크가 붙은 것을 찾아보자.

2월 12일

썩히기

음식물 쓰레기 중에서 재활용할 수 없는 것은 '썩혀서 (Rot)' 자원 순환을 할 수 있어요. 분해 건조한 것은 유기질 비료나 가축 사료로 활용한답니다. 또 자연으로 돌아가는 생분해성 제품을 사용하거나 미세 플라스틱이 없는 천연 제품을 사용하면 일반 쓰레기도 자원 순환을 할 수 있어요.

활동

커피 찌꺼기를 모아 방향제를 만들어 보자.

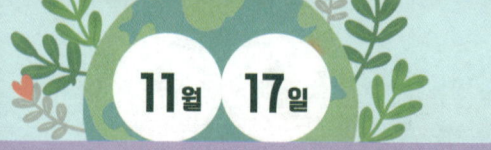

11월 17일

그린피스

'초록 지구'를 뜻하는 'green'과 평화를 뜻하는 'peace'를 합쳐 만든 이름이에요. 그린피스는 환경 문제를 조사하고 원인을 밝혀내어, 평화롭고 창의적인 방법으로 해결하기 위해 노력하는 국제 환경 단체랍니다. 해양 환경 보호, 북극 보호, 멸종 위기 동물 보호, 플라스틱 제로 등 다양한 캠페인에 앞장서고 있지요.

활동

그린피스 홈페이지를 보고, 내가 참여할 수 있는 캠페인 한 가지를 아래에 써 보자.

_____

앨 고어

환경 문제를 해결하기 위해 노력했던 미국의 45대 부통령 앨 고어는 퇴임 후 환경 운동가가 되어 여러 나라에서 지구의 환경 위기에 대해 강연했어요. 『불편한 진실』이라는 책과 다큐멘터리 영화를 제작하여 많은 사람에게 환경 위기에 대해 알렸지요. 이 공로를 인정받아 2007년에 노벨 평화상을 받았어요.

활동

지역 사회의 정치 단체에 환경 문제 해결을 위한 제안서를 보내 보자.

11월 16일

지속 가능한 발전

사람들에게 꼭 필요한 자원을 가지고 있는 나라 '지속이'가 있었어요. '지속이'는 자원을 팔아 풍요롭게 생활합니다. 그런데 '지속이'가 자원이 다 떨어질 때까지 써버리면 어떻게 될까요? 더 이상 돈을 벌 수 없게 되고, '지속이'의 미래 세대는 가난할 거예요. '지속이'가 미래에도 잘 살기 위해선 자원을 아껴 써야 합니다. 이렇게 현재를 살아가는 나뿐만 아니라 미래 세대*도 배려하며 성장하는 것을 지속 가능한 발전이라고 해요.

*미래 세대: 미래 사회를 이끌어 갈 나이가 어린 세대. 또는 앞으로 태어날 세대.

활동

유엔이 발표한 지속 가능 발전 목표(SDGs) 17가지 중 환경과 관련된 목표를 찾아 써 보자.

업사이클링

'업그레이드(upgrade)'와 '재활용(recycling)'을 합친 말이에요. 우리말로 '새활용'이라고도 해요. 버려지는 물건을 재활용하는 것을 넘어서 질도 뛰어나고 환경에도 유익한 완전히 새로운 제품으로 만드는 것이랍니다. 쓰레기를 줄일 수 있고 새 제품을 만드는 데 따르는 에너지 소비와 탄소 배출을 줄일 수 있어요.

페트병과 사용하고 남은 재료를 이용하여 화분을 만들어 보자.

국제기구 환경담당관

국제기구에서 환경과 관련된 일을 하는 직업입니다. 환경 문제를 해결하거나, 한정된 자원을 관리하고, 동식물을 보호하는 일을 해요. 환경과 관련된 국제기구로는 유엔환경계획, 유엔개발계획, 유엔지속개발위원회, 세계보건기구, 국제자연보전연맹 등이 있어요.

활동

관심 있는 환경 관련 국제기구의 홈페이지에 접속해 보자.

이면지 활용하기

공책의 종이 한 장을 만들려면 물이 약 10L 필요해요. 그런데 이 물은 종이를 하얗게 만들기 위해 넣은 다이옥신이 들어간 폐수로 배출되어 환경을 오염시켜요. 이면지를 사용하면 어떨까요? 우리가 종이 네 상자를 아끼면 30년생 나무 한 그루를 살린 것과 같아요.

폐지를 활용해 만든 재생용지나 사탕수수로 만든 종이를 사용하는 것도 환경 오염을 줄이는 좋은 방법이랍니다.

활동

이면지를 모아 메모지를 만들어 보자.

11월 14일

파리협정

2015년, 세계 각국은 교토의정서가 끝나는 2020년 이후 실천할 기후 협약을 만들기 위해 모였어요. 이번에는 선진국뿐만 아니라 개발도상국을 포함한 전 세계 195개국이 온실가스를 줄이는 것에 참여하기로 했어요. 또한 줄여야 할 온실가스의 양을 정해주는 것이 아니라, 각 나라가 스스로 정해 줄이도록 했어요.

퀴즈

파리 기후 변화 협약을 보듯,
환경 문제는 (한 나라 / 모든 나라)가 노력해야 한다.

정답 모든 나라

친환경 포장

물건 포장재를 재활용 또는 재생할 수 있는 재료로 만들면 어떨까요? 비닐, 플라스틱의 원재료인 석유 사용을 줄일 수 있고, 포장재를 만들 때 나오는 탄소도 줄일 수 있어요. 스티로폼 상자 대신 종이 상자를 사용하거나, 종이 봉투나 종이 테이프, 종이 완충 포장재를 사용하는 것도 친환경 포장의 좋은 예라고 할 수 있어요.

활동

선물을 포장할 때 종이 상자나 보자기를 이용해 보자.

11월 13일

교토의정서

리우의 지구 정상회의 이후 1997년, 선진국 대표들이 일본의 교토에 모였어요. 환경 오염을 막기 위한 구체적인 실천 방법을 의논하기 위해서지요. 그래서 나라마다 줄여야 하는 온실가스의 양을 정하고 2020년까지 실천하기로 했어요. 하지만 세계 온실가스 배출량의 절반 이상을 차지하는 미국, 일본 등이 탈퇴하였어요.

퀴즈

교토의정서는 전 세계 모든 나라가 참여하여 온실가스를 줄이기로 약속했다. **O X**

[TIP] 교토의정서는 선진국만 의무적으로 온실가스를 줄이도록 했어요.

정답 X

2월 17일

제로 웨이스트

'쓰레기(waste) 없는(zero)' 삶을 추구하는 환경 실천이에요. 플라스틱 쓰레기의 9%만 재활용된다는 걸 생각하면 처음부터 쓰레기를 만들지 않는 것이 가장 중요해요. 일상에서는 일회용품 사용과 과대 포장을 줄이고, 재활용할 수 있는 재료를 사용하면 생활 쓰레기를 줄일 수 있어요. 생산 단계에서는 폐기물을 줄이고, 유통 과정에서도 불필요한 포장재 등을 사용하지 않는 것도 매우 중요해요.

퀴즈

'제로 웨이스트'를 우리말로 바꿔 보자.

| 쓰 | ㄹ | ㄱ | | ㅇ | ㅇ | ㄱ |

정답 쓰레기 없애기

지구 정상회의

환경 오염이 심각해지자 1992년, 세계 180여 개 나라의 대표들이 브라질의 리우데자네이루에 모였어요. 이 회의에서 환경을 보호하기 위한 기본 원칙인 '리우 선언'과 실천 방법을 담은 '의제 21'을 발표하고, 이를 실천하기로 다짐했어요. 여기에는 지구를 건강하게, 미래를 풍요롭게 하는 뜻이 잘 드러나 있어요.

활동

리우 선언 27개 원칙 중 첫 번째는 '인간은 _____과 조화를 이룬 건강하고 생산적인 삶을 누려야 한다.' 이다.

정답: 자연

분리배출 원칙

분리배출에도 기본 원칙이 있어요. 이 원칙대로 배출하면 재활용률이 매우 높아져요.

활동

'내손안의 분리배출' 앱을 보고 분리배출 요령을 확인하자.

공	플라스틱 장난감	책	피자
일반/재활용/음식물	일반/재활용/음식물	일반/재활용/음식물	일반/재활용/음식물

11월 11일

농업인의 날

예로부터 우리나라는 농사를 중요하게 생각했어요. 근래와서 산업이 발달하면서, 사람들은 농촌을 떠나 도시에 살기 시작했습니다. 그래서 농촌에는 어르신들만 남았지요. 그런데 요즘 농촌으로 돌아가는 청년들이 늘고 있어요. 이들 귀농 청년들은 다양한 상품 작물을 재배하고 새 품종을 개발하는 등 농업을 다양화하면서 우리 농촌을 다시 살리고 있어요.

우리 쌀로 만든 가래떡을 먹어 보자.

우수

절기 우수(雨水)는 얼음이나 눈이 녹아서 비가 된다는 뜻이 담겨 있어요. 추운 겨울이 지나 봄이 오는 우수에는 꽃샘추위가 있어도 봄바람이 불어 새싹이 돋아나지요. 수달은 풀린 강물 위로 올라오는 물고기를 잡아먹고, 겨울 철새인 기러기는 다시 추운 북쪽으로 날아가요.

활동

'우수'와 관련된 속담을 따라 써 보자.

우수 경칩에 대동강 물이 풀린다

[TIP] 우수와 경칩을 지나면 춥던 날씨도 누그러진다는 말이에요.

11월 10일

국제 환경 단체

환경을 보호하기 위해 우리만 노력하면 환경 문제가 해결될까요? 일본의 바다가 오염되면 가까운 우리나라 바다 역시 오염될 수 있습니다. 환경 문제는 지구촌 사람들이 함께 힘을 모아야 해결할 수 있어요. 국제 사회는 다양한 단체를 만들어 환경 보호를 위해 노력하고 있어요. 대표적인 국제 환경 단체에는 그린피스(Green Peace), 세계자연기금(WWF), 지구의벗(FOEI)이 있어요.

활동

국제 환경 단체 3개를 찾아 써 보자.

환경 운동가

자연환경을 보호하고 환경 문제를 해결하기 위해 사회적으로 목소리를 내는 사람들이 있어요. 이들 환경 운동가는 환경 운동을 통해 환경 파괴의 실태를 널리 알리고 정부와 기업, 개인이 환경에 피해를 주지 않도록 바르게 안내하지요. 대표적인 환경 운동가로는 레이첼 카슨, 그레타 툰베리, 앨 고어 등이 있어요.

활동

내가 환경 운동가라면 다양한 환경 문제 중 어떤 것을 가장 먼저 해결하고 싶은지 생각해 보자.

도요새

도요새는 지구 북쪽에서 남쪽으로 이동하는 철새예요. 1만 킬로미터가 넘는 여정에서 도요새가 잠시 쉬어가는 곳이 바로 우리나라 서해 갯벌이지요. 하지만 근래 갯벌을 막아 육지로 만드는 간척 사업 때문에 도요새는 쉴 곳을 잃게 되었고, 이곳을 찾는 도요새는 크게 줄었어요.

활동

도요새가 사람들에게 부탁하는 말을 써 보자.

2월 21일

나의 쓰레기 발자국

여러분은 일상생활 중에 쓰레기를 얼마나 버리고 있나요? 생활하면서 나오는 쓰레기의 종류와 양을 꾸준히 기록해 보면 무슨 쓰레기가 어떤 상황에서 발생하는지 살펴볼 수 있어요.

활동

쓰레기 발자국을 기록해 보자.

오늘 산 물건: _____

배출한 쓰레기	플라스틱	유리병	종이
합계			

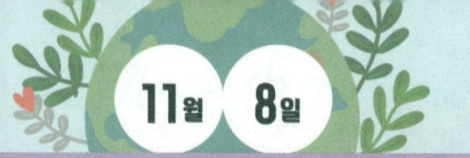

11월 8일

입동

절기 입동(立冬)은 겨울의 시작을 알리는 날이에요. 거리를 알록달록하게 채웠던 단풍잎이 하나둘 떨어지고, 기온이 떨어져 땅이 얼기 시작해요. 그래서 땅이 얼기 전 배추, 무를 수확하여 김장하는 풍습이 있어요. 하지만 요즘은 지구 온난화 때문에 기온이 올라가 입동이 한참 지나고서 김장을 하지요.

활동

'입동'을 한자로 따라 써 보자.

立 설 입(립) 冬 겨울 동

2월 22일

자원 순환 그림책

쓰레기 괴물
(에밀리 S. 스미스 글, 맛있는책)
바다를 위협하는 쓰레기 괴물이 재활용품으로 재탄생하는 이야기가 담겨 있어요.

쓰레기가 쌓이고 쌓이면
(박기영 글, 웅진주니어)
지금처럼 쓰레기가 계속 쌓이면 어떻게 될까요? 쓰레기 처리 과정, 재활용에 관한 이야기를 들려줘요.

쓰레기 귀신이 나타났다!
(백지영 글, 미세기)
아무렇게나 버린 쓰레기가 쓰레기 귀신이 되어 돌아왔어요. 쓰레기를 새로나라에 보낼 수 있도록 도와주면서 올바른 분리배출법을 배울 수 있어요.

활동

자원 순환에 관한 책을 더 찾아 읽어 보자.

11월 7일

기후 불평등

동남아시아의 방글라데시는 해수면이 높아져 2030년까지 2천만 명의 기후 난민이 발생할 위기에 놓여 있어요. 방글라데시 사람들은 온실가스를 얼마나 내뿜을까요? 배출량 1위인 중국의 1/100도 채 되지 않아요. 선진국에서 내뿜은 온실가스로 인해 큰 피해를 입는 사람들은 자연에 기대어 살아가는 가난한 나라 사람들이에요. 기후 위기에 책임이 큰 나라가 그로 인해 피해 입은 사람들을 위해 나서야 할 때입니다.

활동

세계 지도에서 방글라데시를 찾아보자.

2월 23일

용기내 챌린지

'용기(courage)'를 내서 '용기(container)' 안에 음식 재료나 음식을 담아 오는 환경 실천이에요. 장을 보거나 음식을 사 올 때 천 장바구니, 다회용기 등에 담아 오는 것만으로도 비닐과 플라스틱 사용을 줄일 수 있어요.

활동

음식을 포장할 때 다회용 그릇에 담아 오고, SNS나 일기에 실천한 내용을 적어 보자.

11월 6일

온실가스

온실가스는 지구를 둘러싸고 있는 기체로, 지표면에서 우주로 내뿜는 열을 흡수하거나 반사할 수 있는 기체예요. 대기를 오염시켜 지구 온도를 높이는 온실효과의 주범이지요. 많은 나라가 공장을 세워 온실가스를 내뿜으며 산업 발전을 이루었어요. 최근 들어 환경 오염이 심해지자 온실가스 배출량을 줄이자는 논의가 이루어지고 있어요. 하지만 이제 막 경제 발전을 이루려는 개발도상국은 이를 받아들이지 않고 있어요.

활동

지구 온난화 문제에 책임이 큰 나라는 어디인지, 그 이유는 무엇인지 말해 보자.

2월 24일

과대 포장 거부하기

포장은 안에 든 내용물이 망가지지 않도록 보호하는 역할을 해요. 하지만 어떤 제품은 포장이 너무 커서 많은 양의 쓰레기를 남기지요. '과대 포장 거부하기' 캠페인은 물건을 산 후 그 자리에서 과대 포장된 플라스틱 용기나 비닐 등을 분리해서 버리고 오는 운동이에요. 이 운동은 판매자와 제조사에 과대 포장에 대한 불만을 나타내고 불필요한 포장을 줄일 수 있도록 요구한답니다.

활동

구매한 물건이 과대 포장되었는지 내용물과 포장지를 분류해 보자.

11월 5일

스마트폰과 콩고민주공화국

스마트폰에 쓰이는 코발트는 아프리카에 있는 콩고민주공화국에 가장 많이 묻혀 있어요. 콩고의 아이들은 돈을 벌기 위해 학교 대신 광산에서 안전 장비도 하지 않은 채 코발트를 캐지요. 그렇게 일해서 받는 돈은 하루에 겨우 1달러예요. 우리가 스마트폰을 편하게 사용하는 데에는 콩고 아이들의 땀이 서려 있답니다. 공정 무역의 측면에서도 개선되어야 할 문제입니다.

활동

내가 콩고민주공화국의 대통령이라면, 코발트를 캐는 광부에게 어떤 근무 환경을 만들어 줄지 생각해 보자.

2월 25일

분리배출 표시 제도

분리배출 표시 도안을 보면 쉽고 정확하게 분리배출할 수 있어요. 또 환경 오염이나 건강에 해로운 성분은 없는지도 알 수 있어요.

플라스틱	우세제초 / PET / HDPE / LDPE / PP / PS / OTHER
비닐	PET / HDPE / LDPE / PP / PS / OTHER
금속	종이	유리	복합재질
알미늄 / 철	종이 / 일반팩 / 멸균팩	유리	분리배출 불가 종량제봉투에 배출

활동

분리배출 표시 도안을 확인하고 그려 보자.

주스		샴푸	캔
뚜껑	용기		

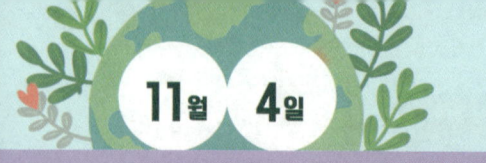

11월 4일

오랑우탄과 팜유

팜유를 만들 수 있는 야자나무는 주로 말레이시아, 인도네시아에서 자라요. 그런데 이들 국가는 팜유를 더 많이 생산하기 위해서 열대 우림을 없애고 야자나무 농장을 만들기 시작했어요. 숲에 살던 오랑우탄들은 살 곳을 잃었고, 멸종 위기에 처했어요. 사람들에게 필요한 물건을 만들기 위해 오랑우탄이 가장 큰 피해를 입게 되었어요.

활동

평화롭던 어느 날, 삽을 든 인간들과 굴착기가 야자나무 숲을 파괴하기 시작했다. 숲에 사는 오랑우탄이 되었다고 상상하고 일기를 써 보자.

2월 26일

자원 순환 가게

일상에서 버려지는 플라스틱, 유리, 종이 등을 깨끗하게 씻고 분리해서 가져가면 현금 또는 포인트를 받을 수 있어요. 자원 순환 가게에서는 올바른 재활용 분리배출 방법도 알려 주는 등 자원 순환에 관한 관심과 참여를 이끌어 탄소 중립을 실천하는 데 도움을 주고 있어요.

활동

내가 사는 지역의 자원 순환 가게를 찾아보자.

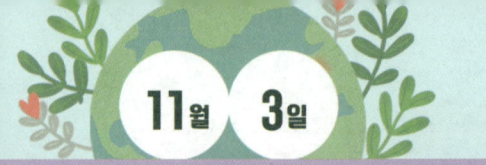

11월 3일

헌 옷 수거함

헌 옷 수거함에 옷을 넣으면 '옷을 사 입지 못하는 불우 이웃에게 도움이 되겠지.'라고 생각해 본 적 있나요? 사실은 그렇지 않아요. 내가 버린 옷은 어디로 갈까요? 헌 옷은 칠레, 가나와 같은 개발도상국으로 수출되거나 수출된 옷의 대부분도 버려집니다. 옷을 헌 옷 수거함에 넣는 것은 더 이상 옷이 아닌 쓰레기가 된 천 더미를 다른 나라에 떠넘기는 셈이에요.

활동

그렇다면 옷을 잘 버리는 방법에는 무엇이 있는지 생각해 보자.

2월 27일

국제 북극곰의 날

지구 온난화로 멸종 위기에 처한 북극곰을 보호하고자 정한 날이에요. 기후 변화로 가장 큰 위협에 빠진 생명체가 바로 북극곰이에요. 먹이 사슬 최상위에 있는 북극곰이 멸종한다면 생태계 균형이 무너질 거예요. 친환경 제품을 사용하고, 온실가스나 탄소 배출을 줄이는 등의 실천으로 북극곰과 많은 생명을 지켜 나가요.

활동

실내복을 하나 더 입고 난방 온도를 1℃ 더 낮춰 보자.

11월 2일

아랄해의 슬픔

아랄해는 세계에서 네 번째로 큰 호수였어요. 마을 사람들은 대부분 물고기를 잡으며 생활했지요. 그러나 1960년대, 소련이 목화를 생산하기 위해 대량으로 물을 끌어다 쓰면서 아랄해는 급속도로 말라 원래 크기의 10분의 1로 줄어들었어요. 호수가 사막이 되어 버린 것이죠. 생계를 이어 나갈 수 없게 된 농부들은 도시나 외국으로 떠날 수밖에 없었어요.

활동

1960년대 아랄해와 2004년 아랄해의 면적이 어떻게 바뀌었는지 찾아보자.

2월 28일

2월 돌아보기

쓰레기가 새로운 자원이 되는 자원 순환은 거절하기, 줄이기, 재사용하기, 재활용하기, 썩히기의 다섯 가지 원칙으로 실천할 수 있어요. 한 달 동안 실천한 것을 되돌아보며, 새롭게 알게 된 사실이나 가장 기억에 남는 활동 세 가지를 적어 보세요.

1. _____
2. _____
3. _____

활동

3월에도 지속해서 실천하고자 하는 자원 순환 활동을 생각해 보자.

11월 1일

환경 정의

환경이 오염되면 모두 똑같이 피해를 입을까요? 반대로 환경을 잘 보전하면 모두 똑같이 이익을 얻을까요? 아니에요. 어느 한 계층·나라·인종만 피해를 보거나 이득을 얻지 않도록 공정하게 환경 문제를 해결해야 한다는 것이 '환경 정의'예요. 모든 사람은 평등하다는 민주주의가 환경 문제에도 똑같이 적용되어야 한다는 것이지요. 11월에는 불평등한 환경 문제와 이를 정의롭게 해결하기 위한 노력을 살펴봅시다.

활동

내가 생각하는 '환경 정의'란 무엇인지, 그 이유는 무엇인지 생각해 보자.

11월

환경 정의의 달

3월 1일

대기 오염

여러분은 평소에 대기 오염을 얼마나 느끼고 있나요? 대기 오염으로 숨지는 사람이 전 세계적으로 한 해 700만 명에 이른답니다. 대기 오염의 별명, '침묵의 살인자'라는 말이 괜히 생겨난 것이 아니지요. 대기가 건조해지는 3월, 대기 오염에 대해 자세히 알아보고 대기 오염을 줄일 수 있는 방법을 실천해 봅시다.

활동

일상에서 느끼는 대기 오염 현상을 생각해 보자.

세계 도시의 날

도시가 커지고 많은 사람이 모여 살면서 여러 가지 문제가 생기자, 이를 해결하기 위해 유엔에서 세계 도시의 날을 만들었어요. 사람들이 모여 살면 대기 오염, 수질 오염 등의 여러 도시 환경 문제가 생기지요. 그래서 미래 도시는 환경에 해를 끼치지 않으면서도 주민들이 살기 편리한 친환경 도시를 계획하고 있어요.

활동

미래 친환경 도시를 그려 보자.

3월 2일

황사와 미세 먼지

황사는 봄에 흙먼지가 바람을 타고 우리나라로 날아오면 공기가 누렇게 보이는 현상이에요. 황사는 조선시대 역사서에도 기록되어 있을 만큼 오래된 자연적 현상이랍니다. 하지만 미세 먼지는 주로 화석 연료나 자동차, 공장에서 나오는 매연으로 인해 발생해요. 그중 지름 2.5마이크로미터(㎛) 이하는 초미세 먼지라고 해요.

활동

오늘의 미세 먼지 농도를 확인해 아래 표에 써 보자.

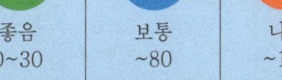

㎍/㎥	좋음 0~30	보통 ~80	나쁨 ~150	매우 나쁨 151~

10월 30일

10월 돌아보기

생명이란 사람이나 동물 모두에게 소중하지요. 지구상의 모든 생명체가 함께 행복하게 사는 동물 복지를 실천하는 한 달이 되었기를 바라요. 한 달 동안 실천한 것을 되돌아보며, 새롭게 알게 된 사실이나 가장 기억에 남는 활동 세 가지를 적어 보세요.

1. _____
2. _____
3. _____

활동

11월에도 지속해서 실천하고자 하는 동물 복지 활동을 생각해 보자.

3월 3일

세계 야생 동식물의 날

2013년 유엔은 세계 야생 동식물의 날을 지정했어요. 야생 동식물에 대한 인식을 높이고, 사고파는 것을 금지하기 위해서죠. 야생 동식물은 무분별한 포획으로 생명을 위협받고, 개발로 살 곳을 잃는 경우가 많답니다. 환경 변화로 가장 크게 영향을 받는 생명체라고 할 수 있어요.

활동

멸종 위기 야생 생물 1급인 저어새의 이야기를 살펴보자.

데이비드 애튼버러

데이비드 애튼버러는 영국의 동물학자이자 자연 다큐멘터리의 거장으로 손꼽힙니다. 60여 년 동안 기후 변화 완화, 생물다양성 회복 등 환경 보호를 위해 활동하고 있지요. '아름다운 바다,' '살아있는 지구' 등 BBC 자연 다큐멘터리를 해설하면서 더 널리 알려졌어요.

활동

데이비드 애튼버러가 목격한 지구의 위기와 앞으로 우리가 희망을 품을 수 있는 해결책을 제시하는 다큐멘터리, '데이비드 애튼버러 : 우리의 지구를 위하여'를 감상해 보자.

3월 4일

미세 먼지

세계보건기구의 국제암연구소는 미세 먼지를 1군 발암물질로 지정했어요. 미세 먼지는 공기 중에 떠다니는 아주 작은 오염 물질을 말해요. 석탄·석유 등 화석 연료를 태울 때나 공장이나 자동차의 매연에서 많이 발생하지요. 미세 먼지는 결막염, 각막염, 비염에서 시작해 기관지염, 폐기종, 천식, 폐포 손상, 심혈관계 질병 등을 일으키는 무서운 오염 물질이랍니다.

활동

몸속 미세 먼지를 배출하기 위해 물과 비타민 C가 풍부한 채소, 과일을 충분히 먹자!

10월 28일

모피 반대 운동

모피는 동물의 털과 가죽으로 만든 옷을 말해요. 사람들이 입을 옷을 위해서 많은 동물이 고통 속에 생명을 잃어요. 동물 보호 단체에서는 동물을 보호하기 위해 모피 옷을 사 입지 말자고 캠페인을 벌이고 있어요. 또 옷을 만드는 업체에서는 모피 대신 인조 모피(페이크퍼)를 이용한 비건 패션을 내놓고 있어요.

활동

몽골 일부 지역에서는 풍습과 기후 때문에 털가죽으로 만든 옷을 입고 다니는데, 이것은 동물 학대에 해당할까?

3월 5일

경칩

절기 경칩(驚蟄)쯤이 되면 본격적인 봄이 시작됩니다. '개구리가 겨울잠에서 깨는 날'이라는 뜻처럼 우리 선조들도 농사 준비로 매우 분주하게 보냈어요. 그래서 '경칩일에 흙일을 하면 탈이 없다'라는 말도 생겨났지요.

활동

'경칩'과 관련된 문장을 따라 써 보자.

경칩이 되면 삼라만상이 겨울잠을 깬다

동물 실험의 3R 원칙

실험 동물은 약품이나 화장품 등이 인간에게 해로운지 알기 위해 대신 실험에 쓰이는 동물을 말해요. 영국의 동물학자 윌리엄 러셀과 미생물학자 렉스 버치는 동물 실험에 대한 3가지 원칙을 제안했어요. 최대한 동물을 이용하지 않거나, 그 수를 줄이거나, 동물의 고통을 덜어 주자고 말이에요.

활동

동물 실험 3R의 원칙에서 각각의 단어가 무엇을 뜻하는지 연결해 보자.

대체(Replacement) • • 사용 동물의 수를 줄이는 것
축소(Reduction) • • 동물의 고통을 덜어 주는 것
완화(Refinement) • • 최대한 동물을 이용하지 않는 것

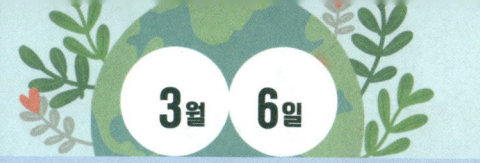

3월 6일

런던 스모그

1952년 12월 영국 런던 전역이 시커먼 먼지로 뒤덮였어요. 며칠째 안개가 걷히지 않은데다 난방을 위해 석탄을 때자 매연이 생겨 스모그가 짙게 깔린 거예요. 이 스모그가 얼마나 심했는지 수백 건의 교통사고와 열차 사고가 일어났고, 만 이천여 명이 호흡기 질환으로 목숨을 잃었어요. 런던 스모그 사건은 사람들이 대기 오염의 심각성을 느끼고 대책을 마련하는 계기가 되었어요.

활동

영국이 런던 스모그 사건 이후로 어떤 정책을 폈는지 알아보자.

10월 26일

미디어 동물 학대

드라마, 영화 등 미디어에서 많은 동물이 등장하면서 가끔은 심하게 다치거나 심지어 죽기까지 해요. 인간의 볼거리를 위해 안타깝게 생명을 잃는 거예요. CG나 제작 소품으로 촬영할 수 있는데도 살아 있는 동물을 위험한 촬영에 출연시키는 것은 생명의 소중함과 동물권을 가볍게 생각하는 이기적인 행동이에요.

활동

동물 영상 모니터링에 참여해 보자.

① 영상 속 동물이 걱정되었다면 '안부 묻기'
② 동물 학대/동물권 침해가 의심된다면, '제보하기'

3월 7일

오존

오존은 산소와 같은 기체예요. 그런데 오존에도 좋은 오존, 나쁜 오존이 있다는 것을 알고 있나요? 우리 머리 위로 10~50km의 하늘에 있는 오존은 좋은 오존이에요. 지상 생물의 세포를 파괴하는 자외선을 오존이 흡수하거든요. 그렇지만 우리 가까이에 있는 오존은 나쁜 오존이에요. 자동차 매연 같은 대기 오염 물질과 자외선이 만나면 나쁜 오존이 만들어지는데, 이는 호흡 곤란, 두통, 눈 염증 등을 일으키지요.

활동

오늘의 오존 농도를 확인해 아래 표에 써 보자.

ppm	 좋음 0~0.030	 보통 ~0.090	 나쁨 ~0.150	매우 나쁨 0.151~

10월 25일

동물 학대

동물 학대는 동물을 죽이거나 다치게 하는 행동만을 뜻하지 않아요. 동물을 장난으로 괴롭혀서 스트레스를 주는 행동, 동물을 버리거나 제대로 돌보지 않고 내버려 두는 행동도 모두 포함한답니다. 또한 동물 학대 사진을 퍼트리는 것도 동물보호법에서 금지하는 동물 학대에 해당해요.

활동

우리 지역의 동물보호 담당 부서 연락처를 찾아서 적어 보자.

 _____

[TIP] 국가 동물보호 정보시스템에서 찾아볼 수 있어요.

이끼 벽

성곽 벽이나 오래된 건물을 보면 이끼가 붙어 있는 것을 본 적이 있을 거예요. 혹시 지저분해서 뜯고 싶었다면, 잠깐! 이끼는 대기를 깨끗하게 해 주는 고마운 존재예요. 이끼는 온몸으로 공기 중의 오염 물질을 흡수하거든요. 1시간당 7,000명이 호흡할 공기를 걸러내는 나무 못지않은 공기 정화 식물이에요. 그래서 시내 곳곳에 이끼 벽을 설치해서 대기 오염을 줄이고 있답니다.

© Green City Solution

활동

우리 지역에 이끼 벽이 있는지 찾아보자.

10월 24일

상강

상강(霜降)은 이름처럼 서리가 내리는 절기를 뜻해요. 앞선 절기 한로에는 찬 이슬이 내렸지만, 이 시기가 되면 아침이 더욱 쌀쌀해져 이슬이 서리로 변하는 거예요. 이때는 곡식을 거두는 일을 마무리하고 겨울맞이를 시작한답니다.

활동

상강을 한자로 따라 써 보자.

霜 서리 상   降 내릴 강

3월 9일

실내 공기질

가구, 옷, 카펫, 컴퓨터 등 실내 공간에서도 공기를 오염시키는 유해 물질이 발생해요. 실내 공기 오염 물질은 알레르기 비염, 천식, 아토피 피부염 등 질병을 일으키기 때문에 실내 공기질 관리가 중요해요. 한국환경공단에서는 지하 역사, 공연장, 실내 주차장 등 다중 이용 시설의 실내 공기질을 24시간 모니터링하고 있답니다.

활동

우리 집 실내 공기 질 관리를 위해 매일 실천해 보자.
- ☐ 하루 10분씩 3번 이상 환기하기
- ☐ 물걸레질하기

10월 23일

동물보호센터

버려지거나 주인을 잃은 동물, 괴롭힘을 당하는 동물들을 보호하기 위하여 동물보호법에 따라 만들어진 시설이에요. 광고를 해서 잃어버린 동물을 찾아주거나 버려진 동물에게 새 주인을 찾아주는 등 동물 보호를 위한 다양한 일을 하지요.

활동

우리 지역의 동물보호센터를 찾아보자.

[TIP] 국가 동물보호 정보시스템에서 찾아볼 수 있어요.

3월 10일

불법 소각

쓰레기 중 재활용하지 못하는 것은 태워서 처리하는 경우가 많아요. 그런데 불법으로 쓰레기를 태우면 산불과 같은 대형 화재의 위험이 있을 뿐 아니라, 각종 대기 오염 물질이 엄청나게 배출되어요. 특히 폐비닐이나 폐농약이 묻은 쓰레기는 처리할 때 각별히 주의해야 합니다.

활동

목재 쓰레기를 태우면 어떻게 될지 생각해 보자.

10월 22일

관광지의 동물들

관광지에 가면 동물 서커스나 코끼리 같은 동물들이 사람을 태워 주는 동물 체험 관광 상품이 있어요. 그런데 조련사들은 훈련을 위해 동물들을 쇠갈고리로 찌르거나 매섭게 채찍질하고, 심지어 전기 충격을 주기도 해요. 동물 체험은 동물들을 직접 만나는 즐거운 기회일 수도 있지만, 동물을 아프고 고통스럽게 하는 일이기도 하답니다.

활동

동물을 보호하기 위한 서약서를 써 보자.

나 _____은(는) 동물을 보호하기 위해, 동물 쇼를 보거나 동물 체험 행사에 참여하지 않겠습니다.

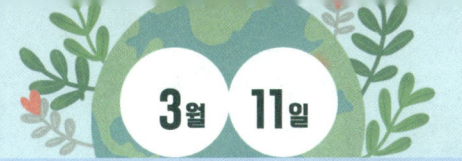

3월 11일

공기 정화 식물

미세 먼지가 있는 방에 공기 정화 식물을 놓을 경우, 65% 이상의 먼지 감소 효과가 있어요. 산호수, 수염틸란드시아, 벵갈고무, 아이비와 같은 공기 정화 식물은 잎 속의 수분이 수증기가 되어 나오는 증산 작용을 하면서 미세 먼지를 사라지게 한답니다.

활동

실내 공기질 관리를 위해 공기 정화 식물을 키워 보자.

[TIP] 집에서 키우기 쉬운 공기 정화 식물에는 테이블야자, 행운목, 틸란드시아, 스투키, 아레카야자 등이 있어요.

10월 21일

세계 지렁이의 날

2016년 영국 지렁이학회에서 지렁이의 환경적 가치를 널리 알리고자 만든 날이에요. 지렁이는 '소리 없이 땅을 일구는 일꾼'이라고 불려요. 왜냐하면 지렁이는 낙엽 등을 먹고 하루에 자기 몸무게의 1.5배나 되는 똥을 배설하는데, 이렇게 배설한 분변토는 땅을 비옥하게 만들거든요.

퀴즈

지렁이의 수명은 3~4년으로, 몸은 보통 길쭉한 기둥 모양이며 앞 끝에는 _____이, 뒤 끝에는 _____이 있다.

3월 **12일**

마스크와 미세 먼지

미세 먼지가 심한 날에는 마스크를 착용하지요. 마스크는 KF 뒤에 숫자를 표기해서 미세 먼지 입자를 차단하는 정도를 알려 줍니다. 그런데 무조건 숫자가 높으면 좋을까요? 영유아, 어린이, 임산부, 환자, 노인 등의 경우 KF94, KF99는 피하는 것이 좋아요. 차단율이 높아서 숨쉬기가 어려울 수 있어요.

퀴즈

어린이는 소형 마스크를 쓰면 된다.   O X

[TIP] 어린이용 마스크를 써야 하며, 소형 마스크를 쓰면 입이나 코가 완전히 가려지지 않아 37% 정도의 먼지만 차단됩니다.

정답 X

10월 20일

일자리를 잃은 동물들

동물들의 권리 침해 또는 경영의 어려움으로 인해 문을 닫는 동물원이 늘고 있어요. 그런데 동물원이 문을 닫으면 그곳에 살던 동물들은 모두 어디로 갈까요? 지금은 동물원에 관련된 규정이 따로 없어 동물들은 최소한의 보호도 받지 못한 채, 이리저리 팔려 다니며 고통받고 있어요.

활동

동물원의 동물들을 위한 법을 만든다면 어떤 조항을 넣고 싶은지 써 보자.

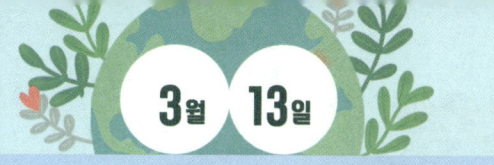

3월 13일

미세 먼지 비상 저감조치

미세 먼지 비상 저감조치란 갑자기 미세 먼지 농도가 매우 높아졌을 때, 일시적으로 미세 먼지를 낮추는 방법을 말해요. 비상 저감조치가 발령되면 차량 2부제를 실시하거나 낡은 경유차를 운행하지 못하도록 하지요. 이런 비상 저감조치는 효과적으로 미세 먼지 조절을 도울 수 있으니, 당장은 조금 불편하더라도 함께 미세 먼지 줄이기에 참여해야겠죠?

활동

이번 달 미세 먼지 비상 저감조치가 발령되었던 때는 언제인지 알아보자.

정형 행동

동물원에서는 동물들의 환경을 원래의 환경과 비슷하게 제공하려고 노력하지만, 야생에 비하면 턱없이 좁아요. 큰 바다를 헤엄치는 고래나 초원을 누비는 사자를 생각해 보세요. 정말 괴로울 거예요. 동물이 극심한 스트레스를 받으면 반복적인 이상 행동을 보이는데, 이를 정형 행동이라고 해요. 특히 좁은 곳에 갇혀 살 때 정형 행동을 자주 보이는데, 같은 장소를 빙빙 돌거나, 자기 배설물을 먹거나 털을 뽑기도 해요.

활동

좁은 우리에 갇혀 사는 동물원의 동물이 되었다고 상상하고 일기를 써 보자.

3월 14일

환경 영향 평가사

환경 영향 평가사는 특정 사업이나 계획이 환경에 미치는 영향을 평가·분석하고 관련된 사람들의 서로 다른 의견을 조율하는 역할을 해요. 또한, 자연환경, 생활 환경, 사회·경제 환경에 미치는 해로운 영향을 미리 분석하여 그 영향을 줄이는 방법을 마련해요. 예를 들어 터널을 뚫을 때 해당 지역의 사람뿐 아니라 동식물에 어떤 영향을 미치는지 조사하여 공사 방향에 도움을 주지요.

 활동

환경 영향 평가사에 대해 자세히 알아보자.

10월 18일

동물원

동물원에 가면 우리 주변에서 흔히 볼 수 없는 다른 지역의 동물들을 많이 볼 수 있어요. 동물원은 동물에 관한 관심을 높이고 멸종 위기 동물을 보호하는 역할을 하지요. 그러나 동물원의 환경이 동물들이 생활하기에 알맞지 않아 동물에게 고통을 주기도 해요.

활동

동물원의 역할에 대해 자신의 의견을 말해 보자.

3월 15일

도로 날림먼지

공기질이 좋은 날이라고 마냥 안심할 수는 없어요. 공기는 깨끗하지만 도로에 날림먼지가 많기 때문이에요. 공사장 흙을 실은 트럭이나 마모된 타이어 등에서 각종 미세 먼지가 떨어져 나와 도로에 쌓여요. 보행자는 차도에서 멀리 떨어져 걷고, 운전자는 차 창문을 자주 열지 않는 것이 좋아요.

활동

도로 날림먼지를 줄여 주는 청소 차량을 알아보자.

분진흡입차	흡입구로 오염 물질을 빨아들인 뒤 필터로 걸러 내요.
고압살수차	물을 뿌리면서 흙먼지를 쓸어 담아요.
진공노면차	오염 물질을 한곳으로 모아 빨아들여요.

10월 17일

펫샵

펫샵(pet shop)은 반려동물을 사고파는 가게로, 동물을 마치 상품처럼 대하는 관점에서 생겨난 말이에요. 펫샵에서 판매하는 거의 모든 동물은 공장 같은 번식장에서 태어나요. 그리고 털 색깔, 입의 길이, 눈의 크기와 같은 생김새에 따라 등급이 매겨지고 가격이 정해져요. 게다가 어둡고 악취가 풍기는 번식장에서 평생 새끼만 낳다가 죽는 어미동물도 있답니다. 반려동물을 입양할 때는 유기 동물센터에서 입양하는 것도 한 방법이에요.

활동

펫샵에서 강아지를 구매하면 안 되는 이유를 생각해 보자.

3월 16일

주방 미세 먼지

음식을 조리할 때도 미세 먼지가 발생해요. 이 미세 먼지 안에는 폐와 호흡기에 치명적인 발암 성분이 있어요. 연료에서 배출하는 가스뿐 아니라 조리할 때 생기는 음식 연기도 위험하다는 말이에요. 요리할 때는 꼭 후드를 켜고, 조리 후에도 30분 이상 후드를 켜서 실내 공기를 깨끗하게 하는 것이 중요해요.

활동

부모님이 요리할 때 후드를 켜자.

10월 16일

세계 식량의 날

국제연합 식량농업기구가 세워지면서 식량 문제에 대한 심각성을 알리기 위해 만든 날이에요. 환경 오염으로 이상 기후가 생겨나고, 도시화와 공업화로 인해 농사를 지을 땅도 작아지며 식량이 점점 부족해지고 있어요. 유엔식량농업기구는 기아와 영양 실조, 빈곤 등에 주의를 기울이고 식량 문제를 해결하기 위해 여러 나라와 힘을 합해 노력하고 있어요.

활동

부모님과 냉장고를 함께 청소하면서 식재료를 아끼는 마음을 갖자.

3월 17일

파프리카

일단 미세 먼지가 몸에 들어오면 얼른 배출하는 것이 중요해요. 이때 효과적인 채소가 바로 파프리카예요. 파프리카는 색깔에 따라 효과가 다른데, 초록색 파프리카가 미세 먼지 배출에 효과적이에요. 빨간색 파프리카는 심혈관 질환에, 주황색 파프리카는 피부 건강에, 노란색 파프리카는 눈에 좋답니다.

활동

건강에 좋은 파프리카를 먹어 보자.

세계 동물권 선언의 날

"모든 동물은 태어나면서부터 평등한 생명권과 존재할 권리를 가진다." 1978년 프랑스 파리 유네스코 본부에서 선포된 「세계 동물 권리 선언」 제1조예요. 철학자 피터 싱어는 『동물 해방』이라는 책에서 '모든 생명은 소중하며, 인간 이외의 동물도 고통과 즐거움을 느낄 수 있는 생명체'라고 말했어요.

활동

세계동물보건기구에서 채택하고 있는 '동물의 5대 자유'를 찾아 적어 보자.

3월 18일

미세 먼지 계절 관리제

미세 먼지는 일 년 내내 있지만 계절에 따라 정도가 달라요. 그래서 우리나라에서는 2019년부터 미세 먼지 계절 관리제를 시행하고 있어요. 미세 먼지 농도가 가장 높은 12월부터 3월까지 산업·발전·수송·농업·생활 부문별로 미세 먼지가 많이 나오지 않도록 관리해요.

ⓒ 환경부

활동

가까운 거리는 걷거나 자전거를 이용하자.

10월 14일

세계 철새의 날

철새와 철새가 사는 곳을 보호할 필요성을 알리기 위해 만든 날이에요. 철새는 기후에 따라 세계 곳곳을 다니지요. 세계를 연결해 주는 철새지만, 갯벌을 육지로 만드는 간척 사업과 도시 개발로 인해 철새의 쉼터 및 사는 곳이 파괴되고 있어요. 또 지구 온난화로 우리나라 기후가 따뜻해지자 겨울이 되면 떠나던 여름 철새들이 떠나지 않고 텃새처럼 살면서 생태계 혼란을 일으키기도 하지요.

활동

영상을 보고 철새 빅빅의 여행 경로를 정리하고, 철새를 보호하는 데 도움을 줄 수 있는 일을 알아보자.

3월 19일

왕가리 마타이

1970년대 케냐 정부는 산업 개발을 위해 숲의 나무를 마구 베어 냈어요. 무분별하게 나무를 베자 흙이 빗물에 쓸려 내려갔고 숲은 말라 갔어요. 이를 본 왕가리 마타이는 환경 단체 '그린벨트 운동'을 세우고, 아프리카 전역에 나무 심기 운동을 시작했지요. 나무를 심어 훼손된 환경을 되살리는 동시에 그곳에 사는 여성들을 위해 일자리를 마련했어요. 이러한 공로를 인정받아 그녀는 2004년 노벨 평화상을 받았어요.

활동

왕가리 마타이에 관한 책을 찾아 읽어 보자.

유기 동물

유기 동물은 버림받은 동물을 뜻해요. 예쁘고 귀엽다는 이유로 입양되었다가 싫증이 나거나 늙고 병이 들었다는 이유로 버려져요. 우리는 반려동물을 입양했으면 평생 책임지고 보살펴 주어야 해요. 또 주인 잃은 동물이 있으면 동물보호센터에 신고해야 해요.

활동

동물보호 상담센터 전화번호를 찾아보자.

3월 20일

춘분

춘분(春分)은 낮과 밤의 길이가 같아지는 절기로, 그 이름처럼 봄기운이 사방에 가득해서 만물이 활발히 자라지요. 그래서 우리 선조들은 이맘때를 일 년 중 농사하기 가장 좋은 절기라고 여겨, 논밭을 갈고 물꼬를 손질했어요. '머슴 떡'이라고 해서 한 해 농사를 부탁할 사람들을 모아 음식을 푸짐하게 대접하고, 바람의 방향이나 구름을 보고 그 해 농사를 점치기도 했어요.

활동

'춘분'을 한자로 따라 써 보자.

春 봄 춘   分 나눌 분

동물 등록제

동물을 보호하고 잃어버리는 것을 막기 위해, 동물보호법에서는 동물 등록을 하도록 정해 두었어요. 반려의 목적으로 기르는 2개월 이상의 개는 반드시 지방자치단체에 동물 등록을 해야 해요. 동물 등록을 하면 잃어버렸을 때 국가 동물보호 정보시스템을 통해 쉽게 주인을 찾을 수 있어요.

활동

반려동물을 등록하면 좋은 점 3가지를 생각해 보자.

3월 21일

국제 숲의 날

오늘은 유엔에서 숲의 소중함을 알리기 위해 만든 날이에요. 생물다양성의 보고이자 기후 변화를 막아 주는 숲이 급격히 사라지고 있어요. 기후 변화로 인한 대형 산불로 삽시간에 울창한 숲이 잿더미가 되지요. 그뿐인가요? 사람들은 숲을 개간하여 농지를 만들고, 목재를 만들기 위해 무분별하게 벌목을 일삼지요. 숲이 사라지면 지구 환경도 보존할 수 없다는 것을 잊지 마세요!

활동

숲의 소중함을 다룬 책을 읽어 보자.

10월 11일

펫티켓

'pet(반려동물)'과 'etiquette(예절)'이 합쳐진 말로, 공공장소에 반려동물을 데려왔을 때 지켜야 할 예절을 말해요. 반려동물을 키우는 사람이 지켜야 할 펫티켓(pet-tiquette)으로는 ① 이동 시 목줄은 2m 이내 착용, ② 반려동물과 반려인의 정보가 담긴 인식표 착용, ③ 배변 봉투 챙기기 등이 있어요.

활동

반려동물을 만날 때 지켜야 할 예절은 무엇인지 알아보자.

3월 22일

세계 물의 날

세계 여러 나라는 물 부족에 시달리고 있어요. 지구의 70%가 바다로 덮여 있는데 왜 물이 부족하냐고요? 지구 전체 물 가운데 우리가 실제로 사용할 수 있는 물은 0.0075%밖에 되지 않거든요. 그래서 유엔은 물 부족과 수질 오염에 대해 알리기 위해 세계 물의 날을 만들었어요. 우리도 물을 낭비하지 않는 생활 습관을 가져요.

활동

양치질할 때 수도꼭지를 잠그자.

반려동물

예전에는 사람에게 즐거움을 주기 위해 기르는 동물이라는 의미로 '애완동물'이라 일컬었지만, 요즘은 더불어 살아가며 사랑을 주고받는 가족과 같은 존재라는 뜻에서 '반려동물'이라고 불러요. 반려동물을 기를 때는 평생 책임감을 갖고 돌볼 수 있는지 신중하게 생각해야 해요.

활동

'애완동물'보다는 '반려동물'이라는 표현을 쓰도록 주변 사람 3명에게 뜻을 설명해 보자.

3월 23일

철강 산업과 대기 오염

자동차, 전자 제품, 생활용품 등 우리 일상생활의 많은 부분과 관련된 철강 산업이 대기 오염의 주범이라는 사실을 알고 있나요? 최근 우리나라에서 대기 오염 물질을 가장 많이 배출하는 곳은 제철소로, 배출량이 전체 배출량의 16.6%나 됩니다. 이는 제철소 주변 주민들의 건강에도 영향을 미칠 뿐 아니라 자연환경에도 심각한 문제를 일으키기도 합니다.

활동

철강 산업이 우리 생활에 미치는 좋은 영향과 나쁜 영향을 생각해 보자.

환경 다큐멘터리 감독

환경 다큐멘터리 감독은 아름다운 자연환경을 카메라에 담거나, 환경 보존의 필요성을 일깨워 주는 영상을 제작해요.

수라 (2022)

새만금의 마지막 갯벌인 수라의 아름다움을 재발견하는 과정과 수라를 터전으로 살아가는 다양한 생명들의 이야기

활동

환경 다큐멘터리 감독이 가져야 할 태도는 무엇일지 생각해 보자.

3월 24일

어린이의 건강

전 세계 어린이 7명 중 1명이 심각한 대기 오염 지역에 살고 있어요. 그리고 대기 오염 때문에 매년 5살 미만의 어린이 60만 명이 목숨을 잃지요. 이는 말라리아와 에이즈로 인해 죽는 수보다 훨씬 많아요. 어린이들은 신체 기관이 어른보다 약해서 똑같은 오염 상황에 놓이더라도 더 위험하기 때문이에요. 특히 저개발국과 개발도상국의 어린이들이 심각한 초미세 먼지에 노출되어 있어요.

미세 먼지와 초미세 먼지를 막을 수 있는 발명품을 생각해 보자.

10월 8일

한로

한로(寒露)는 이름처럼 찬 이슬이 맺히는 절기를 뜻해요. 기온이 더 떨어지기 전에 추수를 끝내야 해서 농촌에서는 곡식의 이삭을 떨어서 낟알을 거두어요. 울긋불긋한 가을 단풍이 짙어지는 이 때 사람들은 국화로 화전을 지지거나 술을 담그며 여러 놀이를 즐겨요.

활동

'한로'와 관련된 속담을 따라 써 보자.

한로가 지나면 제비도 강남으로 간다

[TIP] 날씨가 추워지기 전에 제비가 따뜻한 곳으로 이동한다는 뜻이에요.

3월 25일

정신 건강과 대기 오염

대기 오염은 우리 신체 건강에 좋지 않은 영향을 주지요. 비단 신체 건강뿐 아니라 정신 건강에도 나쁜 영향을 미칩니다. 미세 먼지 농도가 높아지면 우울과 분노, 짜증이 심해지고 여러 가지 정신 질환도 일으켜요. 몸과 마음을 건강하게 지킬 수 있도록 대기 오염을 낮추는 노력이 필요해요.

활동

외출 후에는 손을 깨끗이 씻고 물을 많이 마시자.

10월 7일

굴

갯벌이 많고 깨끗한 바다에서 잘 자라는 굴은 영양이 풍부해서 바다의 우유라 불려요. 빈혈을 예방하고 콜레스테롤 수치를 낮추지요. 굴은 껍데기마저 쓰임새가 있어요. 껍데기를 갈아 철을 만들 때 석회석 대신 사용하는 거예요. 광석을 사용할 때보다 탄소 배출도 낮추고 자원 순환도 할 수 있어 환경 오염을 덜어 줍니다.

활동

굴이 들어간 음식 3가지를 찾아보자.

친환경 자동차

요즘은 파란색 번호판을 부착한 자동차를 길에서 많이 볼 수 있어요. 전기차와 수소 연료 전기차 같은 친환경 자동차에는 파란색 번호판을 달지요. 친환경 자동차는 화석 연료로 움직이는 자동차와는 달리 환경 오염을 일으키는 해로운 물질을 내뿜지 않아요. 앞으로 전기차 기술이 발전하면 대기 오염도 크게 줄어들 거예요.

활동

친환경 자동차에 대해 더 알아보자.

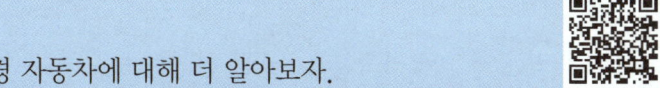

10월 6일

난각 번호

달걀 껍데기에 쓰인 숫자, 난각 번호는 무엇을 뜻할까요? 난각 번호에는 닭이 그 달걀을 언제 낳았는지, 달걀을 낳은 닭이 어떤 환경에서 생활했는지 알 수 있어요. 난각 번호의 마지막 숫자가 낮을수록 닭이 자연환경과 비슷한, 스트레스를 덜 받는 곳에서 생활한 것을 뜻해요.

난각 번호의 마지막 숫자(사육환경번호)
사육환경번호 1 : 자유롭게 마당을 오갈 수 있는 환경에서 생활하는 방사
사육환경번호 2 : 마당이 없는 집에서 생활하는 평사
사육환경번호 3 : 공책보다 조금 더 큰 크기에서 생활
사육환경번호 4 : 공책 크기의 철창에서 생활

활동

집에 있는 달걀의 사육환경번호를 확인해 보자.

3월 27일

산소 카페

2019년 인도 뉴델리에서는 낡은 경유차에서 나온 매연과 논밭을 태운 연기 때문에 한동안 최악의 대기 오염에 시달렸어요. 그러자 곳곳에 신선한 산소를 마실 수 있는 산소 카페가 등장했어요. 코에 튜브를 연결해 산소를 마시거나, 캔에 담긴 산소를 사 갈 수 있어요. 요즘은 우리나라에도 휴대용 산소를 판매하는 곳이 늘고 있어요.

활동

대기 오염이 심한 미래 사회를 상상해서 그려 보자.

동물 복지 인증제도

우리나라는 동물들이 건강하고 행복하게 살 수 있도록 돕는 농장에 동물 복지 인증 마크를 달아 줍니다. 동물 복지 농장에서는 돼지를 좁은 철창에 가두지 않고 넓은 곳에 풀어 키우는 등 동물들이 생활하기에 편안한 환경을 마련해 주어요.

활동

냉장고에 있는 제품 중 동물 복지 인증 마크가 있는 것을 찾아보자.

공기 청정기

대기 오염이 심해지면서 집과 학교에서 공기 청정기를 사용하는 경우가 많아요. 이용할 때 몇 가지 주의해야 할 점이 있어요. 공기 청정기를 켜고 계속 창문을 닫아 두면 미세 먼지의 양은 줄지만, 이산화탄소 농도가 높아지므로 주기적으로 창문을 열고 환기해야 해요. 또, 공기 청정기의 필터를 자주 청소해야 공기가 깨끗해져요.

활동

부모님과 함께 공기 청정기 필터를 청소하자.

10월 4일

세계 동물의 날

동물의 복지와 권리를 위해 동물학자 하인리히 짐머만이 만든 날이에요. 세계 70여 개국에서 국적·종교·정치와 관련 없이 동물 복지 교육과 동물 보호소, 반려동물 입양 안내 등을 홍보하는 행사를 열지요.

활동

반려동물이나 동물과 사진을 찍어 보자.

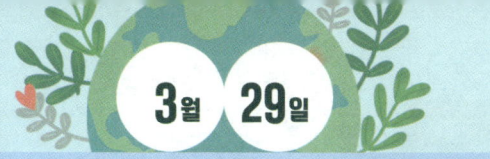

3월 29일

반려동물과 미세 먼지

미세 먼지가 사람에게 나쁜 만큼 반려동물에게도 악영향을 끼쳐요. 그렇다면 강아지를 산책시킬 때 마스크를 씌우면 어떨까요? 사실 이건 좋은 방법이 아니에요. 강아지는 마스크를 쓰면 숨쉬기가 어려워져 심한 경우 쇼크가 올 수도 있거든요. 미세 먼지가 심한 날에는 실내에서 노즈워크, 장난감 놀이를 하면서 지내는 것이 좋아요.

활동

반려동물과 실내에서 지내면 미세 먼지가 발생하기도 한다. 반려동물의 집을 깨끗하게 청소하자.

동물 복지

생명을 지닌 모든 것은 그 자체로 귀하고 소중해요. 살아가는 동안 하나의 생명으로 존중받으며 행복하게 살아야 하지요. 동물 복지란 동물이 건강하고 편안한 상황에서 영양가 있는 음식을 먹으며, 안전한 상황에서 자신이 하고 싶은 행동을 자유롭게 할 수 있는 것을 의미해요.

활동

내가 동물이라면 어떨 때 행복을 느낄지, 그 이유는 무엇일지 생각해 보자.

3월 30일

채터누가

미국 남동부의 작은 도시 채터누가는 지금은 휴양지로 유명하지만, 예전에는 미국에서 대기 오염이 가장 심각한 곳이었어요. 대규모 철공소, 화학 공장, 섬유 공장 등이 있었거든요. 채터누가는 대기 오염을 해소하기 위해 자동차와 대중교통을 긴밀하게 연계하는 파크 앤 라이드 정책 등을 시행하면서 환경 보전과 경제 발전을 함께 이뤄냈어요. 대기 오염 1위 도시에서 생태휴양지로 다시 태어나다니, 정말 대단하죠?

활동

우리나라에서 대기 오염이 심했지만, 지금은 친환경 도시로 거듭난 곳을 찾아보자.

10월 2일

세계 농장 동물의 날

농장 동물은 닭, 소, 돼지 등 농장에서 주로 생활하는 동물을 말해요. 미국의 동물권 운동가인 알렉스 허샤프트가 인도의 민족운동가인 마하트마 간디의 생일을 기념하여 이 날을 만들었어요. 간디는 "한 나라의 위대함과 도덕성은 그 나라가 동물을 어떻게 다루는지로 알 수 있다."라는 말을 남겼지요. 이처럼 세계 농장 동물의 날은 인간의 이익을 위해 키워지는 농장 동물의 고통에 공감하고, 생명으로 존중받을 수 있도록 노력하자는 의미가 담겨 있어요.

활동

'동물농장' 노래를 부르며 농장 동물의 행복에 관해 생각해 보자.

3월 31일

3월 돌아보기

대기 오염은 인류의 생존에 가장 직접적인 영향을 미치는 환경 문제예요. 대기 오염을 줄이는 방법은 멀리 있지 않아요. 한 달 동안 실천한 것을 되돌아보며, 새롭게 알게 된 사실이나 가장 기억에 남는 활동 세 가지를 적어 보세요.

1. _____
2. _____
3. _____

활동

4월에도 지속해서 실천하고자 하는 대기 오염 줄이기 방법을 생각해 보자.

10월 1일

세계 채식인의 날

국제채식연맹에서 생명 존중, 환경 보호, 기아 해결, 건강 증진을 위해 만든 날이에요.
채식하는 이유로는 ① 건강을 생각해서 ② 환경을 지키기 위해서 ③ 종교적인 신념 때문에 ④ 다른 생명을 해치지 않기 위해서 등이 있어요.

활동

채식 종류를 알아보고, 세계 채식인의 날을 주변 사람에게 알려 주자.

생태 감수성의 달

멸종 위기종의 날

호랑이, 물범, 저어새, 퉁사리, 그리고 가시연, 노랑붓꽃과 같은 생물은 점점 우리 곁에서 사라지고 있어요. 우리나라 야생 생물 중 약 280종이 멸종 위기에 처해 있지요. 국립생태원에서는 사라져 가는 멸종 위기 야생 생물을 알리고 지키기 위해 이 날을 정했어요. 그리고 끊임없는 노력을 통해 반달가슴곰, 소똥구리, 저어새 등을 복원하였답니다.

활동

멸종 위기 야생 생물에는 무엇이 있는지 찾아보자.

9월 30일

9월 돌아보기

먹거리가 생산되고 소비되는 모든 과정이 환경에 영향을 미치고 있음을 알게 된 지금, 여러분의 식탁은 어떻게 바뀌고 있나요? 한 달 동안 실천한 것을 되돌아보며, 새롭게 알게 된 사실이나 가장 기억에 남는 활동 세 가지를 적어 보세요.

1. _____
2. _____
3. _____

활동

10월에도 지속해서 실천하고자 하는 먹거리 환경 변화 활동을 생각해 보자.

4월 2일

생태 감수성

지구의 생물들이 각자의 특성을 가지고 함께 살아가는 생태계의 균형은 매우 중요해요. 그런데 기후 변화나 인간의 이기적인 행동 때문에 생태계에 큰 변화가 생기고 있어요. 이러한 변화를 알아차리고 균형 있는 생태계를 위해 꾸준히 관심을 두고 노력하는 것을 '생태 감수성'이라고 해요.

활동

내가 생각하는 생태 감수성이란 무엇인지 말해 보자.

9월 29일
국제 음식물 쓰레기 인식의 날

유엔은 버려지는 식량 문제의 심각성을 알리고 세계적으로 먹거리가 불균형하게 배분되는 문제를 해결하기 위해 음식물 쓰레기 인식의 날을 만들었어요. 우리나라에서만 하루 동안 버려지는 음식물 쓰레기가 2만 톤이 넘어요. 우리가 음식물 쓰레기를 버릴 때, 누군가는 기아로 고통받고 있어요. 오늘부터 음식물 쓰레기를 줄여 봐요.

활동

하루 동안 남기는 반찬이 없도록 식사를 해 보자.

4월 3일

남생이

전통 민요 '남생아 놀아라'에 등장하는 남생이는 우리나라를 대표하는 민물 거북이에요. 특별한 겉모습 때문에 사람들의 사랑을 받았지요. 하지만 지금은 무분별한 포획과 외래종의 위협으로 개체 수가 많이 줄었어요.

ⓒ 국립생물자원관

퀴즈

남생이는 등딱지에 _____ 개의 뼈가 솟아 있고, 눈꼬리에서 목덜미까지 _____ 의 줄무늬가 있다.

정답: 3, 노란색

9월 28일

피터 싱어

철학자 피터 싱어는 동물도 인간과 같이 즐거움과 고통을 느낄 수 있으므로 동물에게도 도덕적 지위를 인정해야 한다고 보았어요. 또한 동물 실험이나 육류 산업은 동물이 사람과 같은 종이 아니라는 이유만으로 차별하는 종 차별주의라면서 강하게 비판했어요. 그의 주장 이후 동물권 운동과 채식주의 운동이 세계적으로 확산되었어요.

활동

동물 실험에 대한 내 생각을 수직선에 표시하고, 그 이유도 함께 생각해 보자.

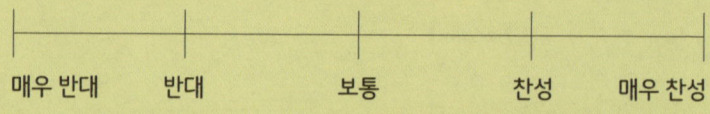

매우 반대 — 반대 — 보통 — 찬성 — 매우 찬성

4월 4일

종이 안 쓰는 날

오늘 색종이나 노트를 헤프게 쓰지는 않았나요? 전체 벌목한 나무 중 절반 가까이가 종이를 만드는 데 사용되고 있답니다. 그래서 종이를 아껴 사용하는 것은 나무를 심는 것과 같은 효과가 있어요. 오늘 종이 안 쓰는 날(No Paper Day)에는 이면지 사용하기, 휴지 대신 손수건 사용하기 등을 실천해서 환경을 보호합시다.

활동

오늘 하루 휴지 대신 손수건을 사용해 보자.

유기농

화학 비료는 작물이 빠르게 크도록 돕지만, 토양을 오염시켜요. 그래서 요즘 적지 않은 농가에서는 인공 비료가 아닌 자연적으로 거름을 만들어 활용하는 유기농 방식으로 농사를 짓습니다. 농약과 화학 비료를 3년 이상 사용하지 않은 땅에서 기른 작물에는 유기농 인증 마크를 붙여 인증하지요. 유기농은 땅도, 작물도, 인간도 모두 건강해지는 일이에요.

활동

냉장고 속 재료 가운데 유기농 마크가 있는 것을 찾아보자.

4월 5일

식목일

일제 강점기를 지나면서 산림이 황폐했던 우리나라는 1949년 식목일을 정하고 매년 나무를 심었어요. 그래서 지금은 전체 국토의 65%가 울창한 산림이 되었지요. 하지만 기후 변화 때문에 일어나는 대형 산불은 애써 가꾼 숲을 삽시간에 태우고 말아요. 건조한 시기, 불씨를 떨어뜨리지 않도록 조심해야 해요.

활동

우리가 숲을 가꾸는 이유를 생각해 보자.

9월 26일

제로 웨이스트 장보기

장을 보고 돌아와 정리해 보니 산 것보다 쓰레기가 더 많아 난감했던 적 없나요? 플라스틱 통에 과일이, 비닐에 채소가 포장되어 있어요. 이 포장용 플라스틱과 비닐봉지는 대부분 딱 한 번 사용된 후 쓰레기가 되지요. 장 볼 때 너무 많은 쓰레기가 나오지 않도록 조금만 신경쓴다면 환경 오염을 크게 줄일 수 있을 거예요.

활동

전통 시장에 갈 때 장바구니를 이용해 쓰레기 제로 장보기에 도전해 보자.

청명

하늘이 차츰 맑아진다는 절기 청명(淸明)은 논농사를 준비하는 시작일이에요. 논밭의 흙을 고르는 가래질을 하며 한 해 농사를 점치기도 하지요. 청명에 날씨가 좋으면 그해 농사가 잘된다고 하는데, 오늘 날씨는 어떤가요? 올해 풍년이 되길 기도해 보세요.

활동

'청명'과 관련된 문장을 따라 써 보자.

청명에는 부지깽이를 꽂아도 싹이 난다

9월 25일

명태

명태는 우리나라에서 흔하고 값싸게 먹을 수 있는 생선이었어요. 하지만 지금은 명태를 찾을 수 없어요. 명태가 사라진 주된 이유는 지구 온난화와 남획이에요. 남획이란 명태가 새끼를 낳는 번식량보다 더 많은 양을 마구 잡아들여 명태의 개체 수가 줄어드는 것을 말해요. 우리의 식사는 중요하지만, 명태의 생존을 위협해서는 안 돼요.

활동

그물에 걸린 명태가 되었다면 어떤 생각이 들지 상상 일기를 써 보자.

4월 7일

세계보건기구

세계보건총회에서는 오늘을 세계 보건의 날로 정하고, 건강 불평등을 해소하고 누구나 건강한 삶을 누릴 수 있도록 노력하고 있습니다. 이를 위해 앞장서는 기구가 바로 세계보건기구입니다. 세계보건기구(WHO)는 인류의 건강을 지키려고 여러 나라가 모여 만든 단체예요. 코로나19 같은 전염병이 돌거나 원인 모를 질병이 발생하면, 서로 힘을 합쳐 해결 방법을 찾아내는 일을 해요. 또 가난한 나라에 약이나 식량을 전해 주기도 하지요.

활동

손 씻기는 질병을 예방하는 가장 쉽고도 효과적인 방법이다. 6단계 손 씻기를 해 보자.

9월 24일

사과

지구 온난화는 우리 식탁과 연결되어 있어요. 평균 기온이 올라가며 농작물의 주산지가 바뀌고 있거든요. 우리나라 남쪽 지역에서 많이 수확되었던 사과는 점점 재배지가 북쪽으로 올라가게 되어, 이제는 강원도 일대에서도 재배되고 있어요. 이대로 계속 지구의 기온이 올라간다면 우리나라에서 사과를 재배하지 못해 해외에서 사과를 수입해야 할 거예요.

활동

지구 온난화로 위기에 처한 사과를 알리는 표어를 써 보자.

4월 8일

텃밭

텃밭은 집 가까이에 있는 밭을 말해요. 도심의 아파트에서는 텃밭을 가질 수 없을까요? 그렇지 않아요. 도시에서도 농작물을 가꿀 수 있답니다. 베란다나 옥상, 혹은 집 근처 공터를 이용하면 돼요. 모종을 심고 음식물 쓰레기를 퇴비로 만들어 텃밭에 뿌리면서 직접 작물을 기를 수 있어요. 텃밭 가꾸기를 통해 신선한 채소 과일을 먹을 수 있고, 자원 순환도 실천할 수 있답니다.

활동

피망을 먹고 남은 씨앗을 화분에 심어 보자.

9월 23일

추분

가을을 알리는 절기인 추분(秋分)은 봄의 절기인 춘분처럼 낮과 밤의 길이가 같은 날이에요. 여름내 길었던 낮이 짧아지면서 점점 밤이 길어지니, 가을이 오고 있는 것이 느껴져요. 아직 여름의 열기가 남아 있지만 추분에는 논밭의 곡식을 거두고, 고추를 따고, 채소를 말리며 가을걷이를 시작해요. 산책을 하며 가을을 알리는 흔적을 찾아보세요.

활동

'추분'을 한자로 따라 써 보자.

秋 가을 추 分 나눌 분

달래와 냉이

톡 쏘게 매운 달래와 향긋한 냉이는 봄이 되면 산과 들에 자라나요. 봄을 대표하는 달래와 냉이 요리를 먹어 보세요. 겨우내 움츠렸던 몸에 기운이 솟을 거예요.

활동

부모님과 함께 달래무침과 냉이된장국을 만들고, 봄 내음을 느끼며 먹어 보자.

9월 22일

냉장고 정리

냉장고는 차가운 온도를 유지해 먹거리를 상하지 않게 보관할 수 있도록 도와줘요. 하지만 뒤죽박죽 정리 안 된 냉장고는 에너지 낭비의 원인이 된답니다. 사 두었던 채소나 소스를 사용하지 못하고 버린 경험이 있나요? 냉장고의 먹거리를 잘 관리하는 것은 지구를 지키기 위한 한걸음이랍니다.

활동

냉장고에 있는 재료만 활용하여 저녁 식사를 준비해 보자.

냉장고에 있는 식재료	식재료를 이용해 만들 수 있는 요리

4월 10일

국립생태원

국립생태원은 환경 보전의 기반이 되는 생태 연구를 하고, 멸종 위기 야생 생물을 보전하기 위한 연구도 진행하고 있어요. 세계 5대 기후를 재현한 에코리움에는 열대관·사막관·지중해관·온대관·극지관이 있어요. 이곳에는 각 기후를 대표하는 동식물 1,600여 종이 전시되어 있어, 살아 있는 생태계를 생생하게 체험할 수 있지요.

ⓒ 국립생태원

활동

국립생태원의 체험 프로그램을 이용해서 봄나들이를 해 보자.

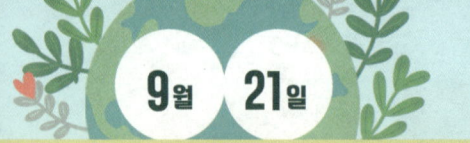

소비 기한

유통 기한이 지나 식재료를 버린 적이 있나요? 유통 기한은 식품을 소비자에게 판매할 수 있는 기한을 말해요. 최근 식품에는 유통 기한 대신 '소비 기한'을 표시해요. 소비 기한이란 보관법을 잘 지켰다면, 식품을 먹어도 건강과 안전에 문제가 없는 기한을 말하는데, 유통 기한보다 길어요. 유통 기한이 지났다고 버려졌던 식품들을 아낄 수 있도록 소비 기한을 확인해 보세요.

활동

우리 집에 있는 먹거리의 소비 기한과 올바른 보관법을 조사해 보자.

식품 이름	소비 기한	올바른 보관법

도시 농업의 날

도시에서 농업을 실천하는 것을 도시 농업이라고 해요. 텃밭에서 작물을 가꾸는 것뿐만 아니라 식물 인테리어(플랜테리어)를 하거나, 반려식물을 기르는 것도 모두 도시 농업에 해당해요. 도시 농업은 경제적인 면뿐 아니라 환경에도 좋은 역할을 해요. 도시에서의 생물다양성을 높이고, 옥상 녹화를 통해 열섬 현상을 완화하지요. 실내에서는 공기 정화 식물을 키움으로써 자연스럽게 공기 청정 시스템이 갖춰진답니다.

활동

도시 농업의 날을 기념하는 행사를 찾아 참여해 보자.

9월 20일

토종 씨앗

토종 씨앗이란 한 지역의 기후와 환경에 적응하며 오랫동안 자리잡아 온 씨앗이에요. 토종 씨앗은 유전자가 다양해 환경 변화를 견디는 힘이 강하지만 생산량이 적어요. 이러한 단점 때문에 유전자를 조작해 대량 생산이 가능하게 한 개량 씨앗에게 자리를 빼앗기고 있어요. 토종 씨앗을 지키지 않으면 모든 씨앗을 해외에서 만든 개량 씨앗에 의존해야 할 거예요.

활동

여러 가지 토종 씨앗을 찾아보자.

이름	생김새	심는 시기

친환경 농업 전문가

자연환경을 오염시키지 않고 자연과 잘 어울리도록 농사 짓는 방법을 연구하는 사람들이 있어요. 바로 친환경 농업 전문가예요. 이들은 친환경 농업을 실천하여 생태계의 균형을 유지하기 위해 노력해요. 이런 노력으로 우리는 여러 세대에 걸쳐 지속적이고 안정적으로 농사를 지을 수 있어요.

활동

마트에서 파는 상품 중 친환경 인증 마크가 있는 것을 찾아보자.

9월 19일

곤충과 농사

농사를 지을 수 있는 건 곤충의 도움 덕분이에요. 곤충이 없다면 작물이 씨앗을 퍼뜨리기도, 열매를 맺기도 어렵거든요. 하지만 식물이나 사람에게 해롭다고 분류된 곤충을 없애려 많은 살충제가 사용되고 있어요. 살충제는 농사를 돕는 곤충도, 그 농산물을 먹는 우리에게도 큰 피해를 준답니다. 우리의 안전한 먹거리를 위해, 농사를 지속하기 위해 곤충을 소중히 여겨 볼까요?

활동

살충제 대신 곤충을 피하게 만드는 천연 피충제를 만들어 보자.

[TIP] 계피, 막걸리, 달걀 등을 이용하여 만들 수 있어요.

벌개미취

들에서 연보라색 국화를 닮은 꽃을 본 적이 있나요? 쑥부쟁이거나 벌개미취일 수 있답니다. 비슷한 듯 다르게 생긴 벌개미취와 쑥부쟁이는 초여름부터 늦가을까지 피는 야생화예요. 이 가운데 벌개미취는 우리나라 토종 야생화로, 땅에 가까운 잎들이 방석처럼 둥글게 피어나요.

활동

벌개미취와 쑥부쟁이를 직접 찾아보자.

9월 18일

못난이 채소

구부러진 오이, 울룩불룩 토마토, 찌그러진 파프리카. 모양과 크기가 제각각이라는 이유로 버려지는 채소가 아주 많다는 걸 아나요? 하지만 이런 채소는 못난이라는 이름을 붙이기 미안할 정도로 그 맛이 아주 훌륭해요. 최근에는 못난이 채소를 배송해 주는 서비스와 가공식품으로 만드는 산업도 생기고 있어요.

활동

못난이 채소를 주인공으로 바꾸어 '멋쟁이 토마토' 노래를 불러 보자.

4월 14일

제비붓꽃

초여름에 짙은 보라색 꽃잎이 늘어지듯 피어나는 제비붓꽃은 안타깝게도 멸종 위기 야생 식물 2급으로 지정되어 있어요. 가까운 미래에 멸종 위기에 처할 위험이 있는 야생 생물인 것이지요. 제비붓꽃은 붓꽃과 비슷하게 생겼지만, 꽃잎 안쪽에 하얗고 노란 그물 무늬가 없는 것이 특징이에요.

활동

제비붓꽃 외에 멸종 위기에 처한 식물을 찾아보자.

9월 17일

로컬 푸드

로컬 푸드(local food)란 지역에서 생산한 먹거리를 장거리 이동과 여러 유통 단계를 거치지 않고 가까운 지역 안에서 소비하는 것을 뜻해요. 장거리를 이동하지 않기 때문에 탄소 발생을 줄일 수 있고, 유통 단계를 많이 거치지 않아 농가 수익을 높일 수 있어요. 지역 소비자 역시 신선한 먹거리를 살 수 있다는 장점이 있어요. 좋은 점을 두루 갖춘 로컬 푸드를 눈여겨보세요.

활동

우리 지역 로컬 푸드 판매점에서 음식 재료를 사 보자.

생태 지도

생태 지도란 인간과 다른 생물이 어우러져 살아간다는 뜻에서, 그곳에 사는 식물과 동물을 우선하여 나타내는 지도예요. 생태 지도는 우리도 직접 만들 수 있어요. 생태 지도를 만들다 보면 환경에 대한 관심과 생태 감수성이 자라난답니다.

1. 동네에 서식하는 식물 관찰하기
2. 관찰한 식물 조사하기
3. 자세하게 그리기
4. 간단하게 나타낸 지도에 그린 식물 오려 붙이기

활동

우리 동네를 돌아보며 어떤 나무와 꽃이 살고 있는지 관찰하고 생태 지도를 만들어 보자.

[TIP] 나와 친구가 만든 생태 지도를 비교해 보고 어떻게 다른지 살펴보세요.

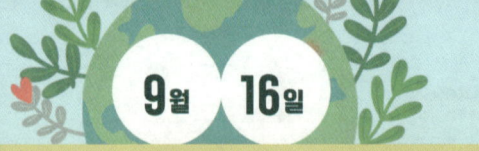

9월 16일

푸드 마일리지

우리는 망고 같은 열대 과일을 어떻게 먹을 수 있을까요? 우리나라에서 자라지 않는 작물은 수입을 통해 식탁에 오르게 돼요. 푸드 마일리지(food mileage)는 먹거리가 생산지에서 떠나 소비자의 식탁에 오르기까지 이동한 거리를 따져, 환경에 미치는 영향을 계산한 것을 말해요. 먹거리가 내게 오기 위한 여행도 환경에 영향을 미치고 있어요.

활동

내가 먹는 음식의 푸드 마일리지를 계산해 보자.

[TIP] 푸드 마일리지 = 원산지와의 거리 × 먹거리 무게

해충

해충은 인간에게 피해를 주는 벌레를 말해요. 하지만 어떤 벌레가 해충인지 결정하는 것은, 인간 중심적인 생각일 수도 있어요. 해충은 때와 목적에 따라 오히려 이로움을 주기도 해요. 인간에게 해로운 생물이라는 이유로 무조건 없어져야 한다고 생각하기보다는 생태계 균형을 이루는 곤충으로 바라보세요.

활동

징그럽다고 생각했던 벌레가 생태계에서 어떤 역할을 맡고 있는지 찾아보자.

9월 15일

요리 전문가

요리 전문가들은 재료를 여러 방법으로 조리해서 다양한 맛을 만들어 내거나 새로운 음식을 만들어요. 채식 요리를 전문으로 저탄소 식단을 널리 알리는 사람도 있지요. 또는 일반적인 재료가 아니라, 곤충을 재료로 사람이 먹을 수 있는 식품을 연구하고 만드는 방법을 개발하기도 해요.

활동

식용 곤충에는 무엇이 있는지 알아보자.

4월 17일

외래종

외래종이란 본래의 원산지나 서식지를 벗어나 사는 생물을 말해요. 외국에서 우리나라에 들어온 외래종에는 뉴트리아, 블루길, 배스, 황소개구리, 붉은귀거북 등이 있어요. 이들은 기존 생태계를 교란해 환경에도 큰 피해를 주고, 나아가 사람에게도 해를 끼쳐요.

붉은불개미   붉은귀거북   미국가재

활동

외래종 중 식물의 사례를 찾아보자.

9월 14일

아보카도

아보카도는 부드러운 풍미와 다양한 영양소를 고루 가지고 있어 숲의 버터라고도 불려요. 하지만 아보카도 3알을 기르는 데 약 1,000L의 물이 필요하답니다. 이처럼 제품의 생산·사용·폐기 등 모든 과정에서 얼마만큼의 물이 사용되는지 나타낸 지표를 물 발자국이라고 해요. 많은 물 발자국을 남기는 아보카도, 환경에도 유익할까요?

활동

남아메리카에서는 아보카도를 기르기 위해 산지 환경이 파괴되고 있다. 환경을 보호하면서 아보카도를 기를 수 있는 방법을 생각해 보자.

판다

큰 몸집과는 달리 귀여운 외모로 동물원에서 인기가 많은 동물, 판다. 판다가 멸종 위기 동물이었다는 사실을 아나요? 지구 온난화와 벌목으로 판다의 주식인 대나무 숲이 사라져 멸종 위기종이 되고 말았어요. 하지만 중국의 복원 노력으로 멸종 위기 등급에서 취약 단계로 내려갔어요.

활동

판다가 사라지면 어떤 일이 벌어질지 생각해 보자.

9월 13일

비건

비건(vegan)은 동물성 식품을 제한하고, 과일·채소·곡물 등 식물성 식품만 먹는 식습관을 말해요. 채식에는 다양한 기준이 있지만, 비건은 모든 동물성 식품을 거부하고 우유나 벌꿀처럼 간접적인 동물의 노동도 소비하지 않아요. 비건을 선택한 사람들은 동물의 가죽과 뼈로 만든 옷이나 생활용품, 동물 실험을 거친 약품과 화장품도 사용하지 않아요. 비건 실천은 환경을 위하고, 동물들의 고통까지 생각하는 일이랍니다.

활동

나만의 채식 요리를 만들어 비건을 실천해 보자.

솔방울

소나무 열매인 솔방울은 씨앗이 들어 있는 자그마한 비늘들이 모인 것이에요. 소나무를 비롯해 잣나무, 전나무와 같은 침엽수는 비슷한 모습으로 열매를 맺는답니다. 특이하게도 솔방울은 습도가 높으면 비늘을 접었다가 습도가 낮아지면 비늘이 펼쳐져요.

활동

버려진 솔방울을 주워 천연 가습기로 사용해 보자.

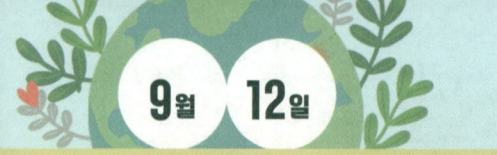
9월 12일

배터리 케이지

배터리 케이지는 닭 6~8마리를 넣어 키우는 좁은 철장을 말해요. 칸칸이 쌓여 있는 철망의 모습이 마치 대포를 늘어 놓은(battery) 것 같다고 해서 붙여진 이름이에요. 아파트처럼 쌓인 좁은 철망 안에서 닭은 전염병에 쉽게 걸리고, 스트레스를 받아 서로를 부리로 쪼는 이상 행동을 하기도 해요. 닭의 특성을 전혀 고려하지 않은 배터리 케이지는 바뀌어야 해요.

활동

배터리 케이지에서 한 마리의 닭에게 주어지는 공간은 A4용지 크기보다 좁다고 하는데, A4용지 위에 올라서 보자. 어떤 기분이 들었는지 이야기해 보자.

4월 20일

곡우

절기 곡우(穀雨)는 봄비가 내려 곡식을 기름지게 한다는 뜻이 있어요. 그래서 이때가 되면 농사에 가장 중요한 볍씨를 담그고 못자리를 마련하는 등 본격적으로 농사를 시작해요. 4월에는 대개 맑은 날이 많지만 곡우에는 비가 오는 날이 많아요. 곡식을 기름지게 해주는 반가운 봄비, 오늘도 내렸나요?

활동

'곡우'와 관련된 속담을 따라 써 보자.

곡우에 가물면 땅이 석 자가 마른다

[TIP] 곡우 때 땅이 마를 정도로 비가 계속 내리지 않으면 그 해 농사짓기가 어려워진다는 뜻이에요.

9월 11일

공장식 축산

우리가 먹는 달걀, 우유, 고기 등은 어떻게 생산될까요? 축산물 대부분은 적은 비용으로 많은 양을 생산하기 위해 좁은 공간에서 기른 동물로 만들어요. 이 방법은 동물을 기르고, 고기로 가공하는 과정이 마치 공장에서 제품을 만들어 내는 것 같다고 해서 공장식 축산이라 불러요. 평생 공장 같은 환경에서 살아야 하는 동물의 삶에 대해서 생각해 볼 때입니다.

활동

영상을 보고 내가 생각하는 '공장식 축산'을 정의해 보자.

4월 21일

기후 변화 주간

환경부는 매년 지구의 날이 있는 일주일을 기후 변화 주간으로 운영하고 있어요. 탄소 중립의 중요성을 널리 알리고 업사이클링 사례도 홍보하지요. 2023년 주제는 '오늘도 나는 지구를 구했다'로, 지구를 구하는 것은 일상적인 작은 행동으로도 실천할 수 있다는 의미를 담고 있어요.

활동

지구를 구할 수 있는 행동을 정하여 일주일간 실천해 보자.

실천 행동 :

4월 21일	4월 22일	4월 23일	4월 24일	4월 25일	4월 26일	4월 27일

9월 10일

고구마

혼자 먹는 것보다 여럿이 둘러앉아 먹으면 더 맛있는 고구마. 여름을 견뎌 내고 무럭무럭 자라난 고구마를 9월이 되면 수확할 수 있어요. 고구마에는 섬유질이 풍부해서 소화가 잘 되고, 다양한 비타민이 있어 신체 면역력을 높여 줍니다.

활동

삶은 고구마에 우유를 넣고 믹서로 갈아, 고구마 라떼를 만들어 보자.

지구의 날

오늘은 지구 환경 오염 문제의 심각성을 알리기 위해 1970년 정해진 지구의 날이에요. 인간의 환경 파괴와 자원 낭비로 인해 자연과 조화롭게 살지 못하고 있는 지금을 바꾸기 위하여 기업과 시민의 모두가 노력해야 한다고 선언했어요. 그리고 매년 오후 8시부터 10분간 불을 끄는 활동을 하고 있어요.

활동

소등 행사에 참여하고 소감을 얘기해 보자.

9월 9일

햄버거

빵 사이에 갖가지 채소와 패티를 끼워 먹는 햄버거. 빠르고 손쉽게 사 먹을 수 있어서 전 세계에서 하루에도 수천만 개의 햄버거가 소비되고 있어요. 하지만 햄버거는 저렴한 가격과는 달리 환경에 많은 부담을 주는 음식이에요. 햄버거 패티를 만들기 위해 숲을 밀고 소를 기르거나 가축의 사료가 될 작물을 길러요. 햄버거 하나를 먹으면 5제곱미터의 숲이 사라져요. 사라지는 숲을 위해 우리는 어떤 선택을 할 수 있을까요?

활동

고기 패티 대신 대체육으로 만든 햄버거를 먹어 보자.

4월 23일

레이첼 카슨

미국의 해양 생물학자인 레이첼 카슨은 사람들에게 살충제 오염 문제를 알린 인물이에요. 레이첼 카슨은 4년간의 조사를 통해 살충제와 농약이 인간과 동물에게 미치는 악영향을 알게 되었고, 『침묵의 봄』을 써서 이를 사람들에게 알렸어요. 이 책을 읽은 많은 사람이 환경 오염으로 인한 생태계 변화를 깨닫고 힘을 모아 환경 운동에 참여했어요.

활동

레이첼 카슨에 관한 책을 찾아 읽어 보자.

[TIP] 『레이첼 카슨, 침묵의 봄을 깨우다』 등 도서관에서 레이첼 카슨을 검색해 보세요.

9월 8일

백로

절기 백로(白露)는 '흰 이슬'이라는 뜻이에요. 흰 이슬이라는 이름이 생긴 것은 백로가 지나면 밤공기가 차가워져 풀잎에 동그란 이슬이 알알이 맺히기 때문이에요. 백로 무렵부터는 늦여름 장마가 걷히고 맑은 날이 계속되지만, 간혹 늦은 태풍이 불어 곡식에 피해를 주기도 해요.

활동

'백로'를 한자로 따라 써 보자.

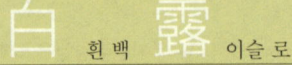

白 흰 백 露 이슬 로

4월 24일

드레이즈 테스트

동물 실험 중 하나인 드레이즈 테스트는 화학 물질이 사람 눈에 미치는 유해성 시험을 말해요. 토끼가 눈이 크고 자주 깜빡이지 않는다는 이유로 사람들은 토끼에게 화학 실험을 했어요. 이런 실험이 동물에게 얼마나 큰 고통인지 알려지면서 동물 실험 반대 운동으로 이어지고 있어요. 요즘은 동물 실험을 하지 않거나 동물성 원료를 사용하지 않고 제품을 만든답니다.

활동

실험 동물의 입장이 되어 인간에게 편지를 써 보자.

9월 7일

푸른 하늘의 날

푸른 하늘의 날은 깨끗한 대기 환경의 중요성을 알리기 위해 우리나라에서 제안하고 유엔이 만든 기념일이에요. 도시가 커지고 자동차가 늘고 공장이 들어서면서 대기 오염은 점점 더 심각해지고 있어요. 특히 미세 먼지와 초미세 먼지가 증가하면서 우리는 호흡기 질병에 노출되고 말았어요. 대기 환경을 깨끗하게 지키는 것은 모든 생명체의 건강한 삶을 위해 꼭 필요하답니다.

활동

하늘 사진을 찍어서 푸른 하늘의 날을 널리 알려 보자.

지구 온난화와 펭귄

현재 전 세계에 서식하고 있는 펭귄 17종 중 11종이 멸종 위기종 혹은 취약종이 되었어요. 지구 온난화로 남극에 눈보다 비가 내리는 날이 많아져 펭귄의 터전이 사라졌기 때문이에요. 게다가 아직 털에 방수 기능이 없는 어린 펭귄들은 계속되는 비를 맞고 저체온증으로 목숨을 잃기도 했고요. 또 해빙이 녹으면서 펭귄의 먹이인 크릴새우가 감소해서 굶어 죽는 펭귄이 점점 늘고 있어요.

활동

펭귄 보호를 위한 표어를 만들어 보자.

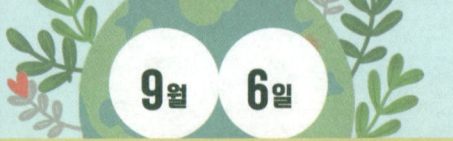

자원 순환의 날

자원 순환의 날은 한정된 자원을 올바르게 사용하자는 의미에서 만든 날이에요. 우리가 사용하는 석유, 나무, 식량 등의 자원은 무한하지 않아요. 생산되고 소비한 것을 버리지 않고 다시 이용하고 재활용하는 자원 순환은 매우 중요해요. 우리가 아낀 자원은 다음 세대 사람들에게 전하는 책임감 있는 배려랍니다.

활동

나에게 필요 없는 물건은 주위에 나누어 주자.

필요 없는 물건 이름	나누는 방법

 4월 26일

체르노빌 원자력 발전소 사고

1986년 오늘, 우크라이나에 있는 체르노빌 원자력 발전소에서 폭발 사고가 있었어요. 관계자들이 안전 규정을 위반하고 미숙하게 대처한 탓에 많은 주민이 방사선에 노출되어 목숨을 잃었어요. 50여 년이 지난 지금까지도 피해는 이어지고 있어요. 그런데 아이러니하게도 발전소 주변 출입제한 구역은 오히려 유럽에서 야생 동식물이 가장 번성한 지역이 되었어요.

활동

체르노빌 폭발 사고에 관한 책을 찾아 읽어 보자.

9월 5일

멸종 위기 바나나

시장과 마트에서 사계절 내내 어렵지 않게 구할 수 있는 바나나. 하지만 지금 우리가 사 먹을 수 있는 바나나는 단 한 가지, 캐번디시종이에요. 달콤한 바나나를 만들기 위해 사람들은 유전자가 섞이지 않도록 번식시켰어요. 그런데 파나마 병이 돌았고, 유전자가 다양하지 않으니 당시 재배하던 바나나 품종은 모두 말라 죽고 말았어요. 지금은 캐번디시종마저 파나마 병 증상으로 멸종 위기에 처해 있답니다.

활동

바나나로 음식을 만들어 보자.

[TIP] 날카로운 것을 사용하거나, 가스 불을 사용할 때는 보호자가 도와주세요.

4월 27일

로제트 식물

로제트는 겨울에 월동을 하기 위해 짧은 줄기에 많은 잎이 밀집하게 나는 걸 말해요. 주변에서 보이는 식물로는 냉이, 달맞이꽃, 배추, 상추, 시금치 등이 있어요. 이들은 얼핏 보면 뿌리에서 직접 난 잎이 땅에 붙어 있는 것 같아요. 이들 식물은 겨울에 죽은 듯 보이지만 사실 봄에 꽃을 피우기 위해 에너지를 비축해 두는 거랍니다.

활동

우리 주변에 로제트 식물을 찾아 위에서 바라본 모습으로 그려 보자.

9월 4일

단일 경작 농업

단일 경작 농업이란 같은 경작지에 하나의 작물만 재배하는 농업 방식을 말해요. 하나의 작물만을 관리하고 수확해 판매하는 것은 마치 공장에서 제품을 만들어 내듯 효율적으로 보여요. 하지만 오랫동안 같은 작물을 길러낸 땅은 건강을 잃게 된답니다. 또 한 종류의 작물이 모여 있으니 치명적인 해충과 전염병이 돌 때는 피해가 더 크답니다.

 활동

'단일 경작으로 세상에 하나의 작물만 남게 된다면'이라는 주제로 상상 일기를 써 보자.

반려식물

식물을 가꾸고 교감하면서 가까이 두고 기르는 식물을 반려식물이라고 말하지요. 반려식물을 키우면 마음이 안정될 뿐 아니라 실내 공기도 깨끗해져요. 초보자도 쉽게 키울 수 있는 반려식물로 다육 식물, 선인장, 스투키 등이 있어요.

활동

우리집에서 키우는 반려식물에는 무엇이 있는지 적어 보자.

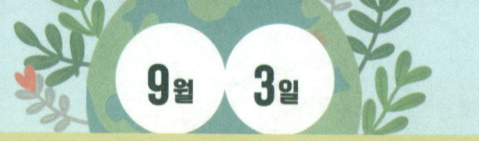

팜유

팜유(palm oil)는 열대 지역에서 자라는 기름야자 열매에서 뽑아낸 기름을 말해요. 팜유는 우리가 좋아하는 과자, 라면, 초콜릿뿐만 아니라 비누, 샴푸, 화장품에도 널리 쓰여요. 하지만 팜유의 높은 인기만큼이나 기름야자를 기르기 위해 열대 우림은 빠른 속도로 파괴되고 있답니다. 팜유를 얻기 위해 다양한 생물의 서식지를 파괴하는 것은 괜찮을까요?

활동

일상 주변에서 팜유가 들어간 제품을 찾아보자.

[TIP] 제품 뒷면의 제품 성분표시를 살펴보세요.

4월 29일

세계 개구리 보호의 날

개구리는 물과 땅을 오가는 양서류이기 때문에 물과 땅 중 한쪽이라도 파괴되거나 오염되면 살아가기 힘들어요. 또 온도 변화에 민감해서 기후 변화 지표종이라고도 하지요. 그런데 최근에는 기후 위기로 인해 개구리의 멸종 속도가 점점 빨라지고 있어요. 생태계의 중간고리 역할을 하는 양서류가 멸종하면 우리 인간에게도 큰 영향이 미칠 거예요.

활동

물과 땅을 오가는 개구리가 위험하지 않도록 개구리 길을 그려 보자.

9월 2일

저탄소 식생활

저탄소 식생활은 식품이 생산되어 식탁에 올라오고 다시 음식물 쓰레기가 되는 모든 과정에서 탄소 배출을 최소화하는 식생활을 뜻해요. 탄소 배출을 줄이지 않는다면 급격한 기후 변화로 우리가 지금 먹고 있는 먹거리를 미래에는 먹을 수 없을 거예요. 지금부터라도 관심을 가지고 저탄소 농축산물(탄소를 줄이려 노력한 식품)을 이용해 보세요.

활동

저탄소 식생활을 점검해 보자.

☐ 육류와 유제품을 제외한 채식 식단을 선호하는가.
☐ 우리 지역에서 난 식재료를 활용하는가.
☐ 유기농, 제철 식재료를 활용하는가.
☐ 저탄소 농축산물을 활용하는가.
☐ 음식을 남기지 않고 먹는가.

☑ 4~5개: 저탄소 식생활 잘하고 있어요. / ☑ 2~3개: 조금 더 노력해요. /
☑ 1개 이하: 저탄소 식생활을 위해 관심 가져 주세요.

4월 돌아보기

생태계의 균형을 위해 생태 감수성을 가지고 생활한다면, 멸종 위기종에 대해서도 관심이 생기고, 이를 막기 위한 다양한 실천을 할 수 있을 거예요. 한 달 동안 실천한 것을 되돌아보며, 새롭게 알게 된 사실이나 가장 기억에 남는 활동 세 가지를 적어 보세요.

1. _____
2. _____
3. _____

활동

5월에도 지속해서 실천하고자 하는 생태 감수성 활동을 생각해 보자.

9월 1일

먹거리와 환경

인간은 식물처럼 스스로 영양분을 만들어 낼 수 없어요. 그래서 먹거리를 통해 양분을 얻지요. 우리가 매일 살아가기 위해 먹는 먹거리가 환경에 많은 영향을 끼친다는 사실을 알고 있나요? 9월에는 먹거리를 키우고, 소비하고, 버리는 과정이 환경에 어떤 영향을 미치는지 생각해 봐요.

활동

내가 좋아하는 음식을 떠올리고, 환경에 미칠 영향을 생각해 보자.

9월 먹거리의 달

5월 1일

생물다양성

지구에는 다양한 종류의 생물이 여러 생태계에서 각자의 특성을 가지고 살고 있어요. 생태계의 균형을 지키기 위해 생물다양성은 매우 중요하지요. 생물다양성은 개, 고양이처럼 생물의 종류가 다른 '종 다양성', 같은 사람이라도 생김새와 특징이 다른 '유전자 다양성', 바다나 숲처럼 생물이 사는 곳이 다른 '생태계 다양성'이라는 의미를 포함해요.

퀴즈

생물다양성은 _____ 다양성, _____ 다양성, _____ 다양성이라는 의미가 있다.

정답: 종, 유전자, 생태계

8월 돌아보기

편리한 생활을 위해 꼭 필요한 에너지. 하지만 에너지는 무한하지 않아요. 일상 속 작은 실천으로 큰 에너지 절약을 가져올 수 있어요. 한 달 동안 실천한 것을 되돌아보며, 새롭게 알게 된 사실이나 가장 기억에 남는 활동 세 가지를 적어 보세요.

1. _____
2. _____
3. _____

활동

9월에도 지속해서 실천하고자 하는 에너지 절약 활동을 생각해 보자.

5월 2일

세계 참치의 날

요리에 자주 사용되는 참치는 바다를 빠르게 헤엄치고 사냥도 잘하는 멋진 물고기예요. 하지만 사람들이 참치를 너무 많이 잡아서 지금은 멸종 위기에 처해 있답니다. 무분별한 참치 어업은 해양 생태계를 어지럽혀 다른 물고기들도 함께 죽게 해요. 바다가 텅 비어 버리기 전에, 참치를 음식이 아닌 소중한 바다 생물로 바라봐 주세요.

활동

참치를 먹는 것이 아니라 보호하는 날, 멸종 위기에 처한 참치를 그려 보자.

에너지 캐시백

전기를 아끼면 돈을 받을 수 있는 방법이 있어요. 한국전력공사에서는 전기 사용량을 줄이면 돈을 돌려주는 에너지 캐시백을 운영하고 있어요. 가정에서 에너지 사용을 줄여서 돌려받은 돈은 다음 달 전기 요금으로 사용할 수 있어요.

활동

에너지 캐시백을 신청해 보자.

5월 3일

숲의 날

숲에는 수많은 생물들이 살고 있어요. 아주 작은 미생물부터 사람 키의 몇 배가 되는 큰 생물까지요. 숲은 동식물의 안전하고 풍요로운 보금자리이지요. 그러나 지나친 벌목과 무분별한 개발로 이미 지구상의 숲은 삼분의 일이나 사라졌어요. 숲에서 생물을 만나게 된다면, 이렇게 속삭여 볼까요? "내가 너의 소중한 보금자리를 지켜 줄게!"

활동

숲을 지키기 위해 종이 사용을 줄일 수 있는 방법을 생각해 보자.

8월 29일

에너지 자립 마을

ⓒ 서울특별시

에너지 자립 마을이란 마을 주민들이 직접 에너지를 생산하는 마을이에요. 이 마을에서는 외부에서 가져오는 에너지의 양을 줄이고 태양광을 이용해 직접 에너지를 만들어요. 또 마을 공동체가 함께 에너지 효율을 높여 에너지를 절약하지요. 우리나라에서는 탄소를 배출하지 않는 마을이라는 의미로 '저탄소 녹색 마을'이라고도 해요.

활동

우리나라 에너지 자립 마을에서는 어떤 에너지를 주로 활용하는지 찾아보자.

5월 4일

생태계 교란 생물

생태계의 균형을 깨뜨리는 생물을 말해요. 주로 외국에서 들어온 생물로 우리나라에서는 뉴트리아, 황소개구리, 큰입배스 등을 생태계 교란 생물로 지정했어요. 이들은 성장과 번식 속도가 빨라 토종 생물을 위협하지요.

뉴트리아   황소개구리   큰입배스

활동

외래종 반려동물을 방사하면 어떤 일이 벌어질지 생각해 보자.

8월 28일

에너지 제로 하우스

에너지 소비량이 '0'인 집이 있을까요? 에너지 제로 하우스란 필요한 에너지를 집에서 만들어 사용하고, 에너지가 외부로 빠져나가는 것을 막아 에너지를 절약하는 집이에요. 태양광 패널, 단열벽 등을 설치해서 환경에 미치는 영향을 줄이고, 에너지 비용을 아낄 수 있어요.

> **활동**
>
> 나만의 에너지 제로 하우스를 그려 보자.

5월 5일

생물다양성 감소

생물다양성의 중요함을 널리 알린 에드워드 윌슨은 생물다양성이 줄어드는 이유를 이렇게 정리했어요.

HIPPO
- 서식지 파괴(**H**abitat destruction)
- 외래종 유입(**I**nvasive species)
- 환경 오염(**P**ollution)
- 인구 증가(Over **P**opulation)
- 무분별한 사냥(남획, **O**verharvesting)

활동

오늘 만난 생명은 무엇이 있는지 떠올려 보고, 보호하는 방법을 생각해 보자.

8월 27일

전기 코드 뽑기

우리는 일상에서 다양한 전자 제품을 사용해요. TV, 냉장고뿐만 아니라 휴대전화를 충전할 때, 음식을 만들 때 등 여러 상황에서 플러그를 꽂아 전기를 사용해요. 그런데 사용하지 않는 전자 제품의 플러그를 뽑는 것만으로도 1년에 29.6kWh의 에너지를 절약할 수 있어요. 에너지 절약 실천, 그리 어렵지 않답니다.

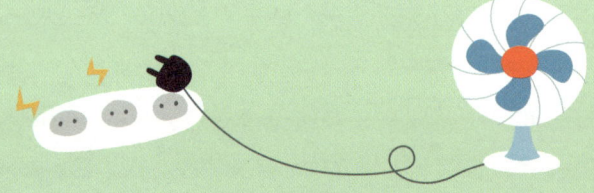

활동

사용하지 않는 전자 제품의 플러그를 뽑자.

5월 6일

입하

봄인가 했더니 어느새 여름의 시작을 알리는 절기 입하(立夏)예요. 이때부터는 더욱 포근해진 날씨 덕분에 농작물이 무럭무럭 자라고 농부들은 농작물을 돌보느라 더욱 바빠진답니다. 예로부터 입하가 되면 개구리가 울고, 산과 들에는 푸르름이 가득 찬다고 했어요. 그래서 이날에는 절기 음식으로 쑥버무리를 먹지요.

활동

'입하'를 한자로 따라 써 보자.

立 설 입(립)   夏 여름 하

전등

어두운 곳을 밝히는 전등도 알맞게 이용하면 에너지를 절약할 수 있어요. 사용하지 않는 방의 전등은 끄고, 낮에는 햇빛을 최대한 활용해요. 이용하는 전구를 전력 소모가 낮고 수명이 긴 LED 조명으로 바꾸는 것도 에너지를 아끼는 데 도움이 돼요.

활동

해가 떠 있는 낮 동안 방의 전등을 켜지 않고 자연의 빛을 이용하여 생활해 보자.

5월 7일

종 다양성

종은 생물을 분류할 때 가장 기본이 되는 단위예요. 종이란 생김새와 생활 방식이 비슷하고 자연 상태에서 짝짓기하여 자손을 얻을 수 있는 무리를 말합니다. 전 세계는 종 다양성 보전을 위해 노력하고 있는데, 동물뿐 아니라 식물의 종도 보전하고 있지요. 국제 씨앗 은행이라는 곳에서는 전 세계의 씨앗을 모아 보관하고 멸종되지 않도록 연구하고 있답니다.

활동

국제 씨앗 은행에 꼭 넣고 싶은 씨앗은 무엇인지, 이유를 말해 보자.

8월 25일

그린터치

컴퓨터를 사용하다가 잠시 자리를 비울 때가 있어요. 이때 그린터치 프로그램을 사용하면 에너지를 절약할 수 있어요. 프로그램을 설치하고 상황에 맞게 절전 상태를 선택하면 컴퓨터를 사용하지 않는 동안 소비되는 전력을 줄일 수 있어요. 생활 속의 작은 행동으로도 에너지 절약을 실천할 수 있답니다.

활동

우리 집 컴퓨터에 그린터치를 설치해 보자.

5월 8일

유전자 다양성

유전자 다양성이란 같은 생물종 내에서도 유전적 차이가 다양함을 의미해요. 사람도 유전자가 다양하기 때문에 서로 생김새가 다르고 신체 능력, 면역력이 다르답니다. 유전자 다양성이 높으면 기온 변화나 전염병 유행 같이 환경이 변화해도 적응하고 살아남을 가능성이 커요. 그러나 유전자가 모두 같은 경우, 환경 변화에 적응하지 못하고 멸종할 가능성이 커요.

퀴즈

여러 나라에서 같은 품종의 ㅂ ㄴ ㄴ 를 재배하다가 전염병이 돌아서 그 품종의 ㅂ ㄴ ㄴ 는 멸종되었다.

정답: 바나나

8월 24일

윌리엄 캄쾀바

아프리카 말라위의 가난한 마을에서 태어난 윌리엄 캄쾀바는 도서관에서 에너지에 관한 책을 읽고 큰 결심을 했어요. 당시 말라위는 전기가 매우 부족했는데, 바람을 이용해 전기를 일으킬 수 있겠다고 생각한 것이지요. 그는 쓰레기장에서 재료를 모아 혼자 힘으로 풍차를 만들었어요. 윌리엄 캄쾀바가 만들어 낸 풍차는 무려 전구 4개와 라디오 2개를 틀 수 있는 전기를 생산해 냈어요.

활동

윌리엄 캄쾀바의 전기동화, 『바람을 길들인 풍차 소년』을 읽어 보자.

5월 9일

생태계 다양성

생태계는 특정한 지역에 살고 있는 생물들과 그 생물들이 살고 있는 주변 환경을 합친 말이에요. 열대 우림이나 사막처럼 넓은 생태계도 있지만 연못이나 어항처럼 작은 생태계도 있어요. 생태계 다양성은 생물들이 살아가는 터전이기에 종 다양성과 유전자 다양성의 바탕이 됩니다.

활동

여러 생물들이 살고 있는 산, 들, 강, 갯벌, 바다 중 하나의 생태계를 그려 보자.

8월 23일

처서

오늘 아침 기온이 좀 선선해지는 것을 느꼈나요? 가을의 시작을 알리는 날, 처서(處暑)가 되면 여름의 무더위가 끝나고 건조한 날이 계속됩니다. 이 시기에는 장마철에 눅눅해졌던 옷이나 책을 볕에 말리는 풍습이 있답니다. 또 벼가 잘 자라기 위해 강한 햇살과 쾌적한 날씨가 중요한 시기이기 때문에 오늘 날씨에 따라 그 해 농사를 점쳤답니다.

활동

'처서'와 관련된 속담을 따라 써 보자.

처서에 비가 오면 독의 곡식도 준다

5월 10일

바다 식목일

해양 생태계를 보존하기 위해, 바다 사막화를 막고 바다 숲을 만들기 위한 날이에요. 바다 숲은 다시마, 미역 같은 해조류나 산호초가 무리 지어 사는 곳을 말해요. 바다 숲은 많은 양의 탄소를 흡수해서 지구 온도 상승을 막고, 바다 생물의 먹이와 은신처가 되어 줍니다. 그러나 최근에는 바다 오염과 수온 상승으로 인해 바다 숲이 사라지고 있어요. 지구 환경 보전과 해양 생태계를 지키는 바다 식목일을 기억해 주세요.

퀴즈

산호는 식물이다.   O X

[TIP] 산호는 식물 같지만 자포동물에 속해요.

정답: X

에너지의 날

오늘은 에너지의 소중함과 에너지 절약의 필요성을 알리기 위한 날이에요. 오후 2시~3시 1시간 동안 에어컨을 끄거나 설정 온도를 2℃ 높이고, 저녁 9시부터 5분 동안 불을 끄는 캠페인을 진행해요. 광화문과 남산타워도 불을 끄고 에너지 절약을 실천한답니다.

활동

오후 9시부터 5분 동안 집의 전등을 끄고 느낀 점을 이야기해 보자.

5월 11일

생물다양성 협약

생물다양성 협약은 지구상의 다양한 생물을 보호하기로 전 세계 국가들이 맺은 약속입니다. 생물다양성을 보전하고, 지속 가능한 방식으로 생물을 이용하며, 생물로부터 나오는 이익을 공정하게 나누자는 것이지요. 세계 여러 나라는 멸종 위기 생물을 보호·복원하고 있으며, 환경 오염을 막아 생태계 균형을 잘 유지하기 위해 노력하고 있답니다.

활동

생물다양성 협약에 넣고 싶은 내용이 있다면 적어 보자.

[TIP] 숲 파괴하지 않기, 더 이상 도로 만들지 않기, 국립공원 더 많이 지정하기, 야생 동물 잡지 않기 등 다양한 조항을 생각해 보세요.

냉장고

냉장고는 음식을 신선하게 보관하기 위해 필수라고 할 수 있어요. 그런데 냉장고를 사용할 때도 에너지를 절약할 수 있어요. 냉장고에서 필요한 것을 꺼내면 냉기가 빠져나가지 않게 빠르게 닫아요. 또 냉장실을 60~70% 정도만 채우는 것도 에너지 절약에 도움이 되요. 반면 냉동실은 찬 온도를 유지하기 위해 80~90%로 채우는 것이 좋아요.

활동

우리 집 냉장고의 냉장실을 60~70%만 차도록 정리하자.

5월 12일

감자

벼·밀·옥수수와 함께 세계 4대 작물로 불리는 감자는 영국 아일랜드 섬의 유일한 주식이었어요. 그런데 1945년, 감자역병이라고 불리는 전염병이 크게 유행하면서 아일랜드의 감자는 모조리 썩었고, 많은 주민이 굶어 죽었어요. 이 사건은 한 품종의 작물만 재배하는 것이 얼마나 위험한 것인지 사람들에게 알려 주었어요.

활동

생물다양성의 필요성에 대해 알려 주는 다른 사례도 찾아보자.

에어컨

우리는 더위를 이겨내기 위해 에어컨을 자주 사용해요. 그런데 에어컨을 지나치게 사용하면 에너지를 낭비할 수 있어요. 여름철 에어컨 적정 온도인 26℃를 유지하면 좋아요. 적정 온도를 위해 1℃만 조절해도 약 7%의 에너지를 절약할 수 있어요. 현재 우리 집 에어컨 온도는 몇 도인가요?

활동

에어컨을 이용할 때 적정 온도에 맞게 이용하자.

5월 13일

식품 안전의 날

건강한 식생활 문화와 안전한 식품 환경을 만들기 위해 만든 날이에요. 어떤 식품이 안전하지 않을까요? 열량은 높고 영양은 낮은 식품, 인공 식품첨가물이 많이 들어 있는 식품, 유전자 변형 식품은 우리 건강에 좋지 않아요. 내 몸에도 좋고 자연과 하나 되는 자연식을 해 보세요. 자연식은 자연의 재료를 그대로 이용하고 최소한의 조리법으로 만든 음식이에요.

활동

과일, 샐러드, 삶은 고구마와 옥수수 등 최소한의 조리법으로 만든 자연식을 해 보자.

대기 전력

전원 장치에 연결된 전자 제품은 전원을 꺼 두어도 대기 상태로 유지되며 조금씩 전기를 소비해요. 이렇게 스위치가 꺼진 상태에서 전자 제품이 사용하는 전기 에너지를 대기 전력이라고 해요. 전자 제품의 전원 버튼 모양으로 대기 전력이 있는 제품과 없는 제품을 구분할 수 있어요.

대기 전력 없음   대기 전력 있음

활동

우리 집 전자 제품의 전원 버튼 모양을 확인해 보자.

5월 14일

세계 철새의 날

철새는 번식과 먹이를 위해, 또 겨울을 따뜻하게 보내기 위해 철에 따라 이동하는 새예요. 우리나라의 대표적인 여름 철새에는 제비, 뻐꾸기 등이, 겨울 철새에는 기러기, 도요새 등이 있어요. 철새는 철마다 이동하며 살기 때문에 철새가 머무는 서식지를 보호하려면 여러 나라가 협력해야 해요. 철새가 머무는 나라에서는 먼 거리를 이동하는 철새를 위해 서식지에 충분한 물과 먹이, 보금자리를 마련해 주어야 한답니다.

활동

계절에 따른 철새에는 무엇이 있는지 알아보자.

소비 전력

전자 제품을 사용할 때 소비되는 전기의 양을 '소비 전력'이라고 해요. 소비 전력은 W(와트)라는 단위를 이용해요. 전자 제품의 소비 전력에 h를 붙이면 1시간의 소비 전력을 계산할 수 있어요. 예를 들어 휴대전화 충전기의 소비 전력이 10W라면, 1시간을 사용할 때의 소비 전력은 10Wh로 표시해요.

활동

우리 집 전자 제품에서 소비 전력이 가장 높은 것과 낮은 것을 찾아보자.

5월 15일

보전 생물학자

보전 생물학자는 멸종 위기에 처한 생물 또는 희귀종을 보전하여 생물다양성을 지키기 위해 연구해요. 연구 결과를 바탕으로 생물다양성을 유지·복원하기 위해 나라의 정책을 세우는 것을 돕거나 사람들을 교육해요. 때로는 다른 나라와 힘을 모아 연구하기도 해요.

활동

보전 생물학자에 대해 더 알아보자.

에너지 소비 효율 등급

같은 전자 제품도 적은 양의 에너지로 사용할 수 있다면 전기세를 아낄 수 있겠죠? 사람들이 에너지 절약형 제품을 살 수 있도록 알려 주는 것이 에너지 소비 효율 등급 제도예요. 1~5등급으로 표시되며, 1등급에 가까울수록 적은 에너지로 많은 힘을 내는 전자 제품이에요.

활동

우리 집 전자 제품에서 에너지 소비 효율 등급이 가장 높은 것과 낮은 것을 찾아보자.

5월 16일

빛 공해

밤거리를 환히 비추는 가로등, 건물의 반짝이는 불빛은 동식물이 자거나 먹거나 이동하거나 짝짓기하는 것을 방해해요. 새끼 바다거북은 반짝이는 빛을 따라 밤바다가 아닌 육지로 향하여 위험에 빠지기도 해요. 새들은 눈부신 조명 때문에 가야 하는 방향을 잃기도 하고요. 생태계가 빛 공해로 인한 스트레스에서 벗어나게 해 주세요.

활동

지금 사용하지 않는 전깃불이 있다면 끄자.

8월 16일

신에너지

신에너지는 우리가 지금까지 사용해 온, 연료로 만들어진 에너지가 아닌 새로운 에너지를 의미해요. 신에너지는 물을 분해해 만드는 수소 에너지, 석탄을 액체와 가스로 만드는 석탄 액화·가스화 에너지 등이 있어요. 환경에 미치는 영향이 적어서 지속 가능한 에너지로써 계속해서 개발되고 있어요.

활동

현재 신에너지가 활용되는 사례를 찾아보자.

5월 17일

먹이 그물과 먹이 사슬

생태계에서 생물은 먹고 먹히는 관계에 있어요. 생물의 먹이 관계가 사슬처럼 연결되어 있는 것을 '먹이 사슬'이라고 해요. 그리고 생태계에서 여러 개의 먹이 사슬이 얽혀 그물처럼 복잡하게 연결되어 있는 것을 '먹이 그물'이라고 해요. 먹이 사슬보다 먹이 그물 형태가 생물이 살아가는 데 더 유리하겠지요?

활동

먹이 그물과 먹이 사슬의 예를 그림으로 그려 보자.

바이오 에너지

옥수수로 만든 에너지 이야기를 들어 본 적 있나요? 옥수수뿐만 아니라 나무, 해조류, 음식물 쓰레기, 동물의 배설물 등을 발효하여 에너지를 만들 수 있어요. 이처럼 생물을 이용해 만드는 재생 에너지를 바이오 에너지라고 해요. 바이오 에너지는 여러 분야에서 사용할 수 있고, 재생이 가능하다는 장점이 있어요.

활동

영상을 보고, 바이오 에너지의 장단점을 찾아보자.

5월 18일

세계 식물 건강의 날

식물 건강을 지키는 일은 곧 우리의 건강을 지키는 일이에요. 농산물을 수입할 때에는 식물을 병들게 하는 곰팡이, 세균, 바이러스가 함께 들어오지 않도록 잘 검사해야 해요. 또 계속되는 기후 변화 속에서도 식물이 건강하게 자랄 수 있도록 식물이 필요로 하는 조건을 잘 연구해야 해요.

활동

우리 학교 식물들의 상태가 건강한지 자세히 살펴보자.

8월 14일

태양·풍력·수력 에너지

자연의 힘을 활용하여 계속해서 만들 수 있는 에너지를 재생 에너지라고 해요. 태양의 빛과 열을 이용하는 태양 에너지, 바람의 움직임을 이용하는 풍력 에너지, 물이 높은 곳에서 낮은 곳으로 떨어지는 힘으로 만드는 수력 에너지가 대표적인 재생 에너지예요.

활동

태양·풍력·수력 에너지를 만드는 과정을 찾아보자.

5월 19일

발명의 날

'무지개 식판'이라고 들어 보았나요? 음식물 쓰레기를 줄이기 위해 중학생들이 발명한 거예요. 자신의 음식량을 스스로 조절할 수 있도록 식판에 무지개처럼 선이 그어져 있어요. 적당량만 덜어 먹으니 건강에도 좋고, 음식물 쓰레기를 줄일 수 있으니 환경에도 좋겠지요?

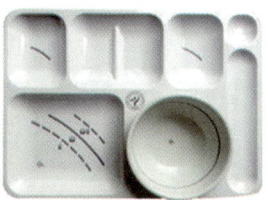

ⓒ 특허청

활동

무지개 식판처럼 환경을 생각하는 발명 아이디어를 떠올려 보자.

8월 13일

정전

사람들이 한꺼번에 많은 에너지를 사용하게 되면 정전이 일어나요. 특히 여름철에는 계속된 무더위로 에어컨, 선풍기 사용이 늘면서 자주 발생해요. 정전되면 가전제품을 사용하기 어려울 뿐만 아니라 도로 신호등이나 지하철 등에도 영향을 미쳐 교통이 마비될 수 있어요. 심각할 경우 나라 전체에 큰 영향을 줄 수 있어요.

퀴즈

집에서 정전이 났을 때 대처 방법을 알아보자.

① 정전에 대비하여 가정 내 _____을 준비해요.
② 정전이 되면 _____를 뽑고 _____를 꺼요.
③ 엘리베이터에서 정전이 되면 _____으로 연락해요.

정답 ① 손전등, ② 플러그, 스위치, ③ 관리실

세계 벌의 날

꿀벌은 생태계에서 중요한 역할을 한답니다. 꿀벌이 이 꽃, 저 꽃을 다니며 꽃가루를 옮겨 주어야 수분이 되어 나무가 열매를 맺을 수 있거든요. 만약 꿀벌이 사라져 버리면 우리는 어떻게 될까요? 과일도 밥도 못 먹게 될 거예요. 그런데 기후 변화와 지나친 농약 사용, 전염병의 유행 때문에 꿀벌의 수가 매년 크게 줄고 있답니다.

활동

꿀벌이 좋아하는 식물을 그려 보자.

[TIP] 꿀벌은 민들레, 진달래, 맨드라미, 물망초, 밤나무, 아까시나무처럼 꽃가루와 꿀이 많은 밀원 식물을 좋아해요.

8월 12일

세계 코끼리의 날

육지 생물 중 가장 큰 동물인 코끼리가 멸종 위기 동물이라는 사실을 알고 있나요? 오늘은 코끼리를 보호하기 위한 날이에요. 코끼리는 자유롭게 살지 못하고 사람들의 즐거움을 위해 서커스나 축제 등에 이용되는가 하면, 코끼리의 상아를 얻으려는 밀렵꾼들에게 불법으로 사냥당하기도 해요. 태국의 상든 렉 차일러는 코끼리보호소(ENP)를 만들어 학대받던 코끼리, 어미를 잃은 코끼리 등을 모아 치료하고 보호하고 있어요.

활동

코끼리가 겪는 다양한 환경 문제를 찾아보자.

5월 21일

소만

절기 소만(小滿)은 햇빛이 풍부하여 생물들이 잘 자라고 점차 세상에 가득 찬다는 의미가 있어요. 이 시기 보리 이삭이 익어서 누런 들판을 보면 마음까지 넉넉해져요. 우리 선조들은 봄 가뭄을 대비하여 물을 가두고 모내기를 준비했어요.

활동

'소만'을 한자로 따라 써 보자.

小 작을 소   滿 가득찰 만

8월 11일

신재생 에너지 전문가

신재생 에너지 전문가는 신재생 에너지로 전기를 만들고, 만들어진 에너지를 많은 사람에게 보내는 방법을 연구해요. 태양열·풍력·지열과 같은 신재생 에너지를 만드는 발전 시스템을 설치하거나 운영하는 일도 한답니다.

활동

신재생 에너지 전문가에 대해 더 알아보자.

5월 22일

국제 생물다양성의 날

생물다양성의 중요성을 알리고 다양한 생물종을 보호하기 위해 만든 날이에요. 지구는 인간뿐 아니라 모든 생물이 함께 사는 곳이에요. 그런데 환경 오염과 무분별한 개발, 기후 변화로 인해 수많은 동식물이 사라지고 있어요. 우리 주변의 동식물이 사는 곳을 보호하는 마음가짐과 실천이 필요해요.

활동

우리 주변에 사는 새를 관찰하고, 인공 새집 달기와 새 모이 주기에 도전해 보자.

8월 10일

세계 사자의 날

동물의 왕이라 불리는 사자. 오늘은 멸종 위기에 처한 사자를 보호하고 기념하기 위해 정해진 날이에요. 동물원이 아닌 야생의 사자는 주로 아프리카, 인도 지역에서 살아가요. 하지만 최근 개발로 인해 서식지가 파괴되거나 사자를 몰래 사냥하는 사람들 때문에 사자가 점점 사라져 가고 있어요.

활동

살 곳을 잃은 사자에게 어울리는 서식지를 그려 보자.

5월 23일

세계 거북의 날

거북은 기후 변화와 환경 오염 때문에 큰 위험에 놓여 있어요. 바다거북은 알이 부화될 때 모래 온도가 성별을 결정하는데, 최근에는 지구 온난화의 영향으로 모래 온도가 높아져 암컷이 많이 태어나요. 그리고 바닷속에서 비닐봉지나 쓰레기를 먹이인 줄 알고 먹었다가 죽는 경우도 매우 많답니다.

활동

하루 동안 빨대와 비닐봉지를 사용하지 말자.

포도

여름을 대표하는 과일인 포도는 맛있으면서 몸에 좋은 제철 음식이에요. 포도는 몸의 회복을 돕는 당분과 여러 비타민 등 건강에 좋은 영양소를 많이 가지고 있어요. 포도는 거봉, 청포도, 머루 포도 등 종류가 다양하고, 생으로 먹거나 주스, 젤리, 잼 등으로 만들어서 먹을 수 있어요.

활동

맛있는 포도를 고르는 방법을 알아보자.

5월 24일

문화 다양성의 날

각 나라의 다양한 문화를 존중하고 문화적 차이로 인한 갈등을 줄이기 위한 날이에요. 우리는 서로 사는 지역·인종·언어·전통·의상이 다르지만 서로 차별하지 않고 다름에 대해 열린 마음을 가져야 해요. 우리 모두는 소중한 존재이고 서로 협력할 때 더 좋은 세상을 만들 수 있기 때문이지요. 마찬가지로 다른 생물과도 서로를 존중하고 함께 균형을 이루어 살아가려는 마음이 필요해요.

활동

다른 나라 전통 놀이에 관해 알아보자.

세계 고양이의 날

아주 오랫동안 사람과 함께 살아온 고양이의 탄생을 축하하고 고양이에 대한 인식을 바꾸기 위한 날이에요. 전 세계의 고양이를 사랑하는 사람들이 SNS에 해시태그(#WorldCatDay)를 달아 고양이 사진을 올리거나, 유기묘 입양에 대해 알리기도 해요.

활동

우리 집 근처의 유기묘 보호센터를 찾아보자.

[TIP] 국가 동물보호 정보시스템 동물보호센터에서 검색해요.

방재의 날

방재란 '재해를 막는다'는 뜻이에요. 방재의 날은 재해를 더 잘 알고 예방하기 위한 날이지요. 기후 변화로 인해 자연재해는 앞으로 더 크고 더 자주 일어날 거예요. 태풍·홍수·산사태·산불과 같은 재해가 일어나면 어떻게 행동해야 할지 미리 잘 알아 두고, 빠르게 안전한 곳으로 대피하세요.

활동

우리 지역이 자주 겪는 자연재해의 종류와 대처법을 알아보자.

[TIP] 홍수가 났을 때는 낮은 곳에 있지 않기, 대피소 알아 두기 등이 있어요.

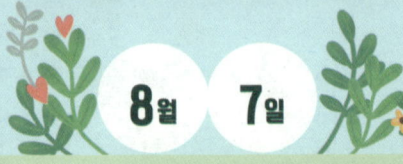 

입추

여름이 끝나가고 가을이 다가온다는 뜻의 이름처럼, 입추(立秋)가 되면 곡식이 여물고 사람들은 가을을 맞을 준비를 해요. 이 시기는 하늘이 높아지고 기온이 선선해지는데, 우리 선조들은 입추에 하늘이 청명하면 풍년이 든다고 생각했어요. 오늘 날씨는 어떤가요?

활동

'입추'와 관련된 문장을 따라 써 보자.

<u>입추에 비가 오면 쌀이 익는다</u>

자연 미술

햇살이 반짝이는 바다 물결을 본 적이 있나요? 하늘의 구름이 만들어 내는 재미있는 모양을 본 적이 있나요? 숲에서 불어오는 시원한 바람을 느껴본 적이 있나요? 이처럼 자연은 다채로운 아름다움이 있어요. 자연 미술은 자연에서 발견하거나 연상된 것을 사진으로 찍거나 미술 재료를 활용하여 작품으로 표현하는 것을 말해요.

활동

동네를 한 바퀴 돌며 마음에 드는 자연의 모습을 사진으로 찍어 보자.

신재생 에너지

우리가 주로 사용해 온 화력 발전소, 원자력 발전소는 환경에 미치는 악영향과 위험성 때문에 지속 가능하지 않아요. 이 문제를 해결하기 위해 세계 여러 나라에서는 환경에 영향을 주지 않으면서 지속해서 사용할 수 있는 에너지를 개발하고 있어요. 바로 풍력, 태양열 등을 이용한 신재생 에너지예요.

퀴즈

다음 중 신재생 에너지 연료로 쓰이는 물질을 찾아보자.

화석 연료 / 태양열 / 바람 / 가스 연료 / 옥수수

정답: 태양열, 바람, 옥수수

5월 27일

매실

매실은 매화나무의 열매로, 3월경에 핀 흰 매화꽃이 떨어진 자리에 열리지요. 매실에는 칼슘과 베타카로틴, 비타민 같이 몸에 좋은 영양분이 많이 들어 있어, 소화와 피로 회복에 도움이 된답니다. 매화나무는 아파트나 길가에서도 흔히 볼 수 있으니 산책하며 찾아보세요.

활동

매실차를 타서 마셔 보자.

8월 5일

에너지 자원 고갈

세계적으로 가장 많이 사용되는 에너지 자원은 석유와 석탄이에요. 하지만 석유, 석탄과 같은 화석 연료는 계속 사용할 수 없어요. 과거 동식물이 땅에 묻히며 만들어졌기 때문에 그 양이 한정되어 있거든요. 앞으로 석유는 약 50년, 석탄은 약 60~100년 쓸 양밖에 남아 있지 않아요.

활동

에너지 자원이 사라지면 어떤 일이 생길지 상상해 보자.

5월 28일

생물 도감

생물의 특성 등을 사진이나 그림으로 보여주는 책을 생물 도감이라고 해요. 생물 도감은 동식물을 한데 모아 놓기도 하고 식물과 동물을 분류해 두기도 하지요. 또 계절별·지역별 생물을 다루기도 해요. 생물 도감을 직접 만들 수 있는데, 이 과정을 통해 생태 지식도 얻고 생물의 소중함을 깊이 느낄 수 있어요.

활동

우리 동네에 서식하는 생물을 관찰하고, 생물 도감을 만들어 보자.

[TIP] 생물의 생김새를 직접 그리거나 사진을 찍어서 붙이고 특성을 적으면 됩니다.

원자력 발전소

원자력 발전소는 커다란 기계에서 우라늄이나 플루토늄의 작은 원자를 이용해 에너지를 만들어요. 아주 적은 양으로 많은 에너지를 만들어 낸다는 장점이 있지만, 원자력 발전 이후 만들어지는 폐기물이나 방사능이 유출될 수도 있는 문제점도 있어요.

활동

우리나라에 세워진 원자력 발전소를 찾아보자.

5월 29일

제인 구달

탄자니아에서 40년 동안 침팬지를 연구한 영국의 동물학자이자 환경 운동가예요. 제인 구달은 현장 연구를 통해 침팬지가 사냥과 육식을 즐긴다는 점과 도구를 만들어 사용한다는 놀라운 발견을 했어요. 그리고 침팬지와 다른 야생 동물이 처한 안타까운 상황을 알리고 서식지를 보호하는 등 동물 보호 운동을 벌이고 있어요.

활동

제인 구달에 관한 책을 찾아 읽어 보자.

8월 3일

화력 발전소

화력 발전소는 석유, 석탄, 가스와 같은 화석 연료를 태우며 나오는 열을 이용해 에너지를 얻어요. 우리나라 에너지를 만드는 데 가장 많은 부분을 차지해요. 가격이 저렴하고 많이 생산할 수 있다는 장점이 있지만, 이산화황, 질소산화물 등 다양한 대기 오염 물질이 생긴다는 단점이 있어요.

활동

화력 발전의 장단점을 생각해 보자.

5월 30일

바다의 날

바다의 중요성을 알리고 바다를 보호하기 위한 날이에요. 바다는 물고기, 해조류 같은 바다 생물의 서식처일 뿐 아니라, 이산화탄소를 흡수해 지구를 보호하지요. 또 사람들은 아름다운 바다에서 스포츠를 즐기고, 수산물과 에너지를 얻기도 합니다. 이렇게 소중한 바다를 보호하기 위해서는 수질 오염을 줄이도록 생활 속에서 실천해야겠지요?

활동

샴푸 대신 비누와 식초를 이용해서 머리를 감아 보자.

8월 2일

우리나라의 에너지

에너지는 다양한 자원을 사용해 만들어요. 에너지 생산에 쓰이는 자원 중 우리나라에서 가장 많이 사용되는 것은 석탄이에요. 다음으로는 원자력, 가스, 신재생 에너지 등을 이용해 에너지를 만들어요.

에너지원 발전량

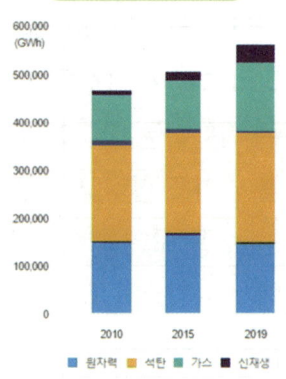

ⓒ 한국전력공사

활동

석탄이 에너지원으로 사용되는 과정을 찾아보자.

5월 31일

5월 돌아보기

가정의 달 5월, 우리 생물도 지구라는 가정에서 소외되거나 사라지는 일이 없도록 생물다양성에 대해 생각해 보았어요. 이번 가족 모임은 숲이나 바다에서 만나는 생명들을 보호하며 생물다양성을 보전하는 활동을 해 보는 것은 어떨까요? 한 달 동안 실천한 것을 되돌아보며, 새롭게 알게 된 사실이나 가장 기억에 남는 활동 세 가지를 적어 보세요.

1. _____
2. _____
3. _____

활동

6월에도 지속해서 실천하고자 하는 생물다양성 보전 활동을 생각해 보자.

8월 1일

에너지

에너지란 일을 할 수 있는 능력을 말해요. 아침에 일어나서 잠들 때까지 우리는 수많은 에너지를 사용하고 있어요. 열에너지, 빛에너지, 전기에너지 등을 이용하여 우리는 편리한 생활을 할 수 있지요. 에너지가 어떻게 만들어지는지 알고 있나요? 만약 미래에 에너지를 지금처럼 사용할 수 없다면 어떤 일이 일어날까요?

활동

주변에서 에너지를 이용하는 기기를 찾아보자.

해양 오염

해양 오염은 인간의 활동으로 인해 유입된 물질이 수질을 악화시키거나 바다에 나쁜 영향을 주는 것을 뜻해요. 바다는 육지보다 접근이 어려워 정화가 어렵고 훨씬 큰 사회적 비용이 필요하지요. 쓰레기나 오염된 폐수가 바다로 흘러가 생기는 해양 오염을 줄이기 위한 적극적인 실천이 필요해요.

퀴즈

_____은/는 지구 표면의 약 70%를 차지하고 있으며, 많은 생명체가 살아가고 있다.

정답: 해양(바다)

7월 31일

7월 활동 정리하기

플라스틱과 일회용품 사용으로 인한 환경 문제는 우리의 작은 실천으로 크게 좋아질 수 있어요. 한 달 동안 실천한 것을 되돌아보며, 새롭게 알게 된 사실이나 가장 기억에 남는 활동 세 가지를 적어 보세요.

1. _____
2. _____
3. _____

활동

8월에도 플라스틱, 일회용품 사용을 줄이기 위해 지속해서 실천하고 싶은 활동을 생각해 보자.

6월 2일

해양 쓰레기

매년 8백만 톤의 쓰레기가 바다에 버려지고 있어요. 해양 쓰레기는 바다 생물의 생명을 위협하고, 수질을 오염시키는 등 큰 문제를 일으킨답니다. 갈매기는 마스크 끈을 먹이로 알고 먹다 복통을 일으키고, 물개는 비닐봉지에 목이 걸려 빠져나오지 못해요. 우리가 버린 쓰레기가 바다로 흘러가지 않도록 노력해야겠지요?

퀴즈

바다에서 가장 많이 발견되는 쓰레기는 ㄷㅂㄲㅊ 이다.

[TIP] 이외에 비닐이나 낚시 그물 등이 많이 버려져요.

7월 30일

반다나 시바

반다나 시바가 캐나다에서 고향인 인도에 돌아올 때마다 보이는 히말라야 산맥의 풍경은 자꾸만 달라졌어요. 다국적 기업*들이 대규모 농장을 짓기 위해 울창한 숲을 파괴했기 때문이에요. 반다나 시바와 마을의 여성 농민들은 나무를 끌어안아 숲을 지키는 '칩코 운동'을 시작했습니다. 그 후로 반다나 시바는 농업 및 식량 체계의 문제점을 지적하며 식량 주권 운동을 펼치고 있어요.

*다국적 기업 : 세계 여러 나라에 회사를 두어 생산과 판매 활동 등이 세계적으로 이루어지는 기업

활동

반다나 시바의 인터뷰를 보고 왜 세계가 굶주리는지 생각해 보자.

6월 3일

세계 자전거의 날

유엔은 자전거를 교통수단이나 취미로 이용하면 얼마나 좋은지 알리기 위해 오늘을 세계 자전거의 날로 정했어요. 자전거는 매연을 배출하지 않는다는 점에서 환경에 좋은 교통수단이랍니다. 요즘은 지역마다 공유 자전거가 있어서 이용하기 훨씬 편리하지요.

활동

가까운 거리를 이동할 때 자전거를 타 보자.

7월 29일

국제 호랑이의 날

한때 우리나라에서도 볼 수 있었던 야생 호랑이는 100년 사이 멸종 위기종이 되었어요. 밀렵이 주요 원인이었지만, 최근에는 기후 변화로 서식지가 파괴된 것도 큰 원인이에요. 하천이나 습지에 서식하는 벵골호랑이(인도호랑이)는 지구 기온 상승으로 해수면이 상승하면서 서식지가 물에 잠겼고 마실 물을 구하지 못해 멸종 위기에 처했어요. 호랑이가 사는 숲은 우리에게도 물과 식량 등 풍부한 자연 자원을 제공해요. 결국 호랑이 서식지를 보호하는 일은 사람, 기후, 지구 전체를 지키는 일이라 할 수 있어요.

활동

멸종 위기종에 속한 호랑이에는 무엇이 있는지 찾아보자.

6월 4일

미세 플라스틱

물고기 배 속에서 가장 많이 발견되는 물질이 무엇일까요? 바로 미세 플라스틱이에요. 바다로 흘러 들어간 플라스틱 쓰레기가 잘게 분해되어 미세 플라스틱이 되거든요. 해양 오염의 주범인 미세 플라스틱은 크기가 너무 작아서 플랑크톤이 먹이로 여긴답니다. 그 뒤에 물고기가 미세 플라스틱을 먹은 플랑크톤을 섭취하죠. 그리고 그 물고기는 우리 식탁에 오르는 악순환이 반복돼요.

활동

오늘 내가 사용한 일회용 플라스틱은 _____ 개이다.

7월 28일

플라스틱 국제협약

환경과 관련된 국제협약은 이미 수십 가지가 넘어요. 그중 플라스틱과 관련된 국제협약도 있을까요? 2022년에서야 플라스틱 오염을 막기 위한 국제 협의가 시작되었어요. 유엔환경총회에서 전 세계 175개국은 플라스틱 오염을 끝내기 위한 노력이 필요하다는 의견을 모았으며, 앞으로 논의를 통해 플라스틱의 생산과 소비, 사용 등 플라스틱 전 생애주기를 법적으로 관리할 수 있는 구체적인 내용을 정한다고 합니다.

활동

플라스틱 협약에 넣고 싶은 조항이 있다면 적어 보자.

6월 5일

세계 환경의 날

세계 환경의 날은 국제 사회가 산업화로 인해 파괴된 환경을 보전하기 위해 노력할 것을 다짐하며 1972년 만들어졌어요. 이미 50년 전부터 많은 국가와 사람들이 환경 보전을 위해 노력하겠다고 다짐했지요. 매년 환경 보전·개선을 위해 노력한 사람들에게 '글로벌 500상'을 수여하는 등 세계 환경 보호 활동을 계속하고 있답니다.

활동

환경 보전을 위해 내가 실천할 수 있는 일 3가지를 적어 보자.

7월 27일

일회용품 그린 워싱

그린 워싱은 '환경'을 의미하는 '그린(green)'과 '씻다'는 뜻의 '워싱(washing)'을 합친 말로, 기업이 제품을 친환경인 것처럼 광고하여 이익을 얻는 것을 말해요. 소비자들이 비용을 조금 더 내더라도 친환경 제품을 쓰려는 태도를 상술로 이용하는 것이지요. 예를 들어 페이퍼스틱스 응원봉은 비닐 대신 종이로 만들었지만 한 번 쓰면 찢어져요. 재질이 플라스틱에서 종이로 바뀌었다지만, 한 번 쓰고 버려야 한다면 과연 친환경이라 할 수 있을까요?

활동

그린 워싱에 해당하는 사례를 더 찾아보자.

6월 6일

망종

절기 망종(芒種)은 벼와 같은 곡식의 씨앗을 뿌리기 좋은 시기라는 뜻이 있어요. '보리는 망종 전에 베어라.'라는 말이 있는데, 망종까지 보리를 모두 베어야 논에 벼를 심을 수 있기 때문이에요. 그만큼 망종은 한 해에서 가장 바쁜 농사 시기랍니다.

활동

'망종'을 한자로 따라 써 보자.

芒 까끄라기 망   種 씨 종

7월 26일

국제 맹그로브 생태계 보존의 날

맹그로브는 열대 지방의 염분이 높은 바닷가, 갯벌 등에서 숲을 이루며 사는 독특한 나무예요. 맹그로브 숲은 열대 우림보다 5배나 많은 이산화탄소를 저장하여, 이산화탄소 흡수 능력이 뛰어난 블루 카본 지역으로 불려요. 또 뿌리로는 해일 등 자연재해를 막아 주지요.

퀴즈

맹그로브 서식지는 '이것'을 키우기 위한 양식장을 세우기 위해 무분별하게 파괴되고 있다. 호랑이를 연상시키는 검은 줄무늬가 있는 이것은 무엇일까?

정답 새우(블랙타이거새우)

6월 7일

바다 청소부

바다에는 육지에서 흘러든 쓰레기와 오물이 쌓이고 있어요. 그럼 바다의 색깔은 탁해야 하는데 왜 선명한 푸른색일까요? 바로 다양한 바다 생물들이 바다를 깨끗이 청소하고 있기 때문이에요. 불가사리는 죽은 물고기, 병든 조개류를 먹으면서 바다의 오염을 막고, 해삼, 게 등도 바다 청소부 역할을 하고 있어요.

활동

바다 청소부인 불가사리, 해삼, 게가 있는 바닷속 풍경을 그려 보자.

7월 25일

플라스틱 쓰레기 처리

플라스틱 쓰레기를 재활용하기 위해서 지금까지는 플라스틱을 작은 조각으로 만들어 새로운 플라스틱 제품을 만드는 '물리적 재활용' 방법이 쓰였어요. 하지만 이는 재활용되는 플라스틱을 따로 골라내고 색깔이 같은 것끼리 분류해야 하는 등 번거로운 과정 때문에 재활용률이 낮고 효과적이지 않았어요. 그러나 근래 재활용이 어려운 플라스틱 물질도 화학적으로 분해하여 전혀 새로운 물질로 만드는 '화학적 재활용' 방법이 연구되고 있답니다. 플라스틱을 녹여 석유화학 원료를 생산하거나 다시 플라스틱으로 만드는 기술이에요.

활동

화학적 재활용 기술의 사례를 더 찾아보자.

6월 8일

세계 해양의 날

세계 해양의 날은 바다 환경을 건강하게 지키기 위해 만든 날이에요. 바다는 지구 생명체의 80%가 살아가고 있는 가장 큰 서식지이며, 많은 생물에게 먹거리를 제공하는 곳이지요. 그리고 바다는 지구의 탄소를 흡수하는 허파이자, 지구의 온도를 낮춰 주는 해열제 역할을 한답니다. 하지만 바다 환경에 대한 인식이 낮아서 불법 어업, 바다 생물 서식지 파괴, 폐기물 투기 등으로 해양 생태계가 빠르게 파괴되고 있어요.

활동

바다 환경을 지키기 위해 노력하는 단체를 찾아보자.

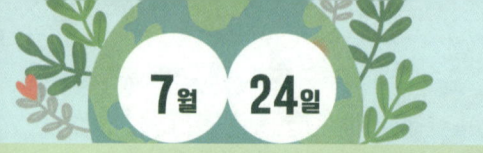

7월 24일

플라스틱 매립과 소각

플라스틱 쓰레기를 처리하는 대표적인 방법은 땅에 묻기(매립)와 불태워 없애 버리기(소각)예요. 하지만 전국 매립지의 삼분의 일은 가득 차서 더 이상 쓰레기를 받을 수 없고, 태우면 유해 물질이 발생해 소각장도 설치하기 어려운 상황이에요. 이대로 가다간 플라스틱 쓰레기가 길거리에 가득 쌓이고 말 거예요. 적게 만들고 덜 쓰는 노력이 반드시 필요합니다.

활동

플라스틱을 소각하거나 매립할 때 발생하는 온실가스나 유해 물질이 무엇인지 조사해 보자.

6월 9일

참외

여름에 자주 볼 수 있는 노란 바탕에 하얀 줄무늬가 있는 과일은 무엇일까요? 바로 참외예요. 참외는 여름이 제철로, 비타민이 풍부한 영양 만점 과일이랍니다. 무더운 여름, 아삭하고 달콤한 참외로 더위를 이겨 볼까요?

활동

참외를 이용한 요리 2가지를 찾아보자.

7월 23일

대서

절기 대서(大暑)는 큰 더위란 뜻으로, 말 그대로 일 년 중 가장 더운 시기예요. 우리가 흔히 삼복더위라 부르며 보양식을 먹는 날 중에서 중복과 비슷한 시기이지요. 열대야 현상도 가장 심한 때라 건강을 잘 관리해야 해요. 예로부터 이 시기에는 더위를 피해 계곡이나 산으로 가 휴식을 즐기곤 했답니다.

활동

'대서'를 한자로 따라 써 보자.

大 큰 대   暑 더울 서

6월 10일

해수 온도 상승

지구 온난화의 영향으로 바닷물이 점점 따뜻해지고 있어요. 바다의 수온 상승은 생태계 교란과 기후 이변 등을 초래해요. 실제로 우리나라 동해안의 수온이 올라가면서 차가운 바다에서 살았던 명태를 더 이상 볼 수 없고 반면에 뜨거운 바다에 사는 상어가 자주 나타나고 있어요.

활동

해수 온도 상승이 가져오는 문제점을 적어 보자.

7월 22일

플라스틱 소비량

우리나라 국민의 일회용 플라스틱 소비량을 조사한 결과, 생수 페트병, 플라스틱 컵, 비닐봉지, 플라스틱 배달 용기 이 네 가지만 해도 한 사람이 일 년 동안 약 19kg의 플라스틱을 소비한대요. 다른 플라스틱 용품까지 더하면 훨씬 많지요. 문제는 이 소비량이 매년 늘고 있다는 점이에요.

활동

생활 속에서 플라스틱을 적게 사용할 수 있는 실천 방법을 생각해 보자.

6월 11일

산호초

바닷속 사진에서 알록달록한 색깔로 우리의 눈길을 사로잡는 산호를 본 적 있나요? 바다의 꽃이라 불리는 산호, 이 산호가 모여서 만들어진 수중 생태계를 '산호초'라고 해요. 무성한 산호초는 바다의 열대 우림이라는 별명처럼 여러 바다 생물이 살아갈 서식지를 제공하지요. 또 이산화탄소를 흡수해서 지구 온난화를 늦추는 중요한 역할도 한답니다.

활동

무성한 산호초와 물고기를 그려 보자.

7월 21일

일회용품과 기후 변화

기후 변화의 주요 원인은 이산화탄소예요. 플라스틱은 원료인 석유 자체가 탄소를 포함하고 있어서 제조 과정부터 폐기될 때까지 이산화탄소를 많이 배출해요. 종이로 된 일회용품을 만든다 하더라도 이산화탄소를 흡수하는 나무를 베어야 하지요. 일회용품 사용을 줄여 생산량을 줄이는 것이 기후 변화를 막는 가장 좋은 방법이랍니다.

활동

일회용품과 기후 변화의 관계를 표현하는 네 컷 만화를 그려 보자.

6월 12일

바다 사막화

최근 바닷속이 하얗게 변하고 있어요. 바닷물의 온도 상승과 환경 오염으로 해조류가 사라지고 있기 때문이에요. 김, 미역과 같은 해조류는 광합성을 통해 바다에 산소를 공급하는데, 해조류가 사라지면서 바닷속이 점점 사막처럼 황폐해지는 것이지요. 또 흰색의 석회 조류가 달라붙어 암반 지역이 희어지는 갯녹음 현상도 바다 사막화를 부추기고 있어요.

활동

바다 사막화가 일어나고 있는 지역을 찾아보자.

7월 20일

플라스틱이 발견되는 의외의 장소

최근에는 인간의 발길이 거의 닿지 않는 지역에서까지도 플라스틱이 발견되고 있어요. 미세 플라스틱이 얼음 속에 있으면 햇빛을 더 빨리 흡수하도록 해서 빙하가 더 빨리 녹아요. 또 공기 중에서는 구름을 뭉치게 하는 작용을 해 기후에 많은 영향을 줍니다.

퀴즈

플라스틱이 발견되는 곳을 모두 골라 보자.

① 남극에 쌓여 있는 눈
② 세계에서 가장 높은 에베레스트산 정상
③ 세계에서 가장 수심이 깊은 마리아나 해구
④ 야생 동물 서식지

정답 ①②③④ 모두

7월 19일

플라스틱 없는 옷

우리가 입는 옷의 60%는 합성 섬유로 만들어져요. 합성 섬유는 석유에서 실을 뽑아 만들기 때문에 원료는 결국 플라스틱과 같아요. 천을 만들 때 많은 탄소가 배출될 뿐만 아니라 세탁할 때마다 옷 한 벌에서 70만 개의 미세 플라스틱이 빠져나가요. 그리고 무엇보다 버려도 잘 썩지 않아 환경 오염을 일으킨답니다. 합성 섬유가 섞이지 않은 친환경 섬유로 된 옷을 입어 보세요. 건강도 지키고 환경도 보호할 수 있어요.

활동

합성 섬유가 섞이지 않은 천연 섬유로 된 옷을 찾아보자.

[TIP] 천연 섬유에는 면(cotton), 마(linen), 모(wool), 견(silk) 등이 있어요.

바다 숲 복원

바다 숲은 바다 밑의 큰 해조류나 해초류가 무리 지어 사는 곳을 말해요. 해초류가 자라난 모습을 육지의 숲에 비유하여 지은 이름이랍니다. 사막화된 육지 숲을 복구하기 위해 나무를 심듯이, 바다 숲을 복원하기 위해 해초와 해조류를 심어요. 그중 잘피라는 해초는 봄에는 꽃을 피우고 숲을 이루어 다양한 어류가 알을 낳고 살아갈 수 있도록 해 주어요. 무엇보다 온실가스를 흡수해서 지구 온난화를 늦춰 준답니다.

활동

잘피를 검색하고 사진으로 확인해 보자.

6월 14일

블루카본

블루카본은 'blue(파란색)'와 'carbon(탄소)'을 합한 말로, 해조류와 바다 식물에 흡수된 탄소를 말해요. 블루카본은 탄소를 흡수하는 속도가 빠르고, 수천 년 동안 탄소를 머금을 수 있어 지구 온난화를 늦출 수 있지요. 맹그로브숲, 염습지, 잘피림 등이 블루카본 지역이에요. 그중 염습지는 그곳에서만 자라는 바닷말이 그 역할을 톡톡히 하고 있어요. 하지만 지금은 블루카본 지역의 절반 정도가 파괴되었어요.

활동

우리나라 염습지를 찾아보자.

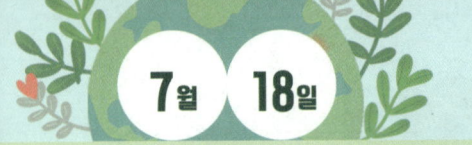

플라스틱 분리배출

플라스틱을 분리배출하는 방법을 다시 새겨 봅시다.
첫째, 먼저 내용물을 씻어내고 라벨, 부속품 등 다른 재질은 분리해요.
둘째, 투명한 것과 색깔 있는 것을 분리하여 배출해요.
셋째, 칫솔, 볼펜처럼 다른 재질이 섞여 있어 분리하기 어려운 것은 일반 쓰레기로 배출해요.

활동

집에서 나온 플라스틱 쓰레기를 올바르게 분리배출해 보자.

6월 15일

야생 동물 수의사

수의사 중에서 야생 동물을 치료하는 수의사가 있어요. 많은 야생 동물이 인간에 의해 직간접적으로 피해를 받는데, 이런 동물을 구조하여 치료하지요. 치료가 끝나고 재활을 통해 야생에서 혼자 살아갈 수 있는 상태가 되면 원래 있던 곳으로 돌려 보내요.

활동

우리나라에서 자주 구조되는 야생 동물에는 무엇이 있는지 찾아보자.

플라스틱 병뚜껑

우리가 분리배출한 플라스틱 중 병뚜껑, 플라스틱 빨대 등은 작아서 선별하기 어려워요. 그런데 그중 병뚜껑은 재활용할 수 있는 소재라서 이를 이용해 핸드폰 케이스, 샤프, 열쇠고리 등 다양한 생활용품으로 업사이클링되고 있어요.

활동

병뚜껑으로 다른 제품을 만들 수 있는 '플라스틱 방앗간'에 대해 알아보자.

6월 16일

세계 리필의 날

세계 리필의 날은 시티 투 시(City to Sea)라는 환경 단체의 캠페인에서 시작되었어요. 사람들에게 일회용 플라스틱을 사용하는 대신 다회용 그릇에 내용물을 리필하도록 독려하고 있어요. 우리나라만 해도 1년간 사용하는 일회용 플라스틱 컵은 35억 개이고, 전체 일회용품 사용량은 어마어마해요. 그래서 텀블러 같은 다회용기에 내용물을 담아 사용하는, 쓰레기를 만들지 않는 실천이 매우 중요하답니다.

활동

우리 집과 가까운 리필스테이션을 찾아보자.

7월 16일

플라스틱 제로

플라스틱 전체 생산량 중 45%를 차지하는 일회용 플라스틱 제품은 대부분 대체할 수 있어요. 한 번 쓰고 버리는 편리함을 위해 우리는 너무 많은 플라스틱을 생산하고 또 버리고 있어요. 오늘은 일회용 플라스틱 제품을 사용하지 않도록 노력해 봅시다.

활동

플라스틱 제로 챌린지에 참여해 보자.
- ☑ 텀블러나 머그잔 이용하기
- ☐ 낱개 포장된 채소나 과일 사지 않기
- ☐ 운동할 때 다회용 물통 챙기기
- ☐ 재사용할 수 있는 빨대 사용하기
- ☐ 배달 음식 주문할 때 일회용 수저 빼달라고 하기

6월 17일

세계 사막화 방지의 날

유엔은 사막화의 심각성을 알리고 이를 막기 위해 기념일을 만들었어요. 사막화란 숲이 사라지고 강이 마르고 땅이 황폐해지는 것을 말해요. 사막화가 된 곳에는 황사 등 대기 오염이 일어나기도 하고, 농사지을 땅이 부족해 식량 부족 문제가 생기기도 해요. 이미 환경 오염과 삼림 벌채로 지구의 75%의 땅에서 사막화가 진행되고 있답니다. 이에 세계 여러 나라는 나무와 식물을 심고 삼림 개발을 막는 등 다양한 노력을 기울이고 있어요.

활동

중국과 몽골에서 사막화를 방지하기 위해 어떤 노력을 하고 있는지 조사해 보자.

7월 15일

스마트그린 도시계획가

스마트그린 도시계획가는 환경 오염 물질을 줄이고 인간과 자연, 기술이 공존하는 미래 환경 도시를 계획·설계해요. 즉, 정보통신기술을 활용하는 스마트 플랫폼의 지원을 통해 지속 가능성과 탄소 중립의 원칙을 지켜 나가는 도시를 세우는 거예요. 이때 사물과 사람, 사물과 사물이 소통하는 사물인터넷이나 많은 양의 정보를 활용하는 빅데이터 솔루션 등 최신의 정보통신 기술을 활용한답니다.

활동

스마트그린 도시를 상상하여 그림으로 그려 보자.

6월 18일

갯벌

갯벌은 밀물 때는 물에 잠기고 썰물 때는 물 밖으로 드러나는 모래 점토질의 평탄한 땅이에요. 갯벌은 바다 생물에게 필요한 먹이가 풍부해서 갑각류, 바닷새 등 다양한 생물이 살아가는 터전이랍니다. 또 갯벌에 사는 미생물은 바다로 흘러드는 오염 물질을 정화해 수질을 개선하는 역할도 해요. 우리나라 서해안과 남해안에는 갯벌이 많은데, 환경 보존의 가치를 인정받아 유네스코 세계유산에 등재되었답니다.

활동

유네스코에 등재된 우리나라의 갯벌을 찾아보자.

7월 14일

동물 기념일

오늘은 멸종 위기에 처한 야생 동물들에게 아주 의미 있는 날이에요. '상어 인식의 날'이자 '세계 범고래의 날'이며 '세계 침팬지의 날'이기 때문이죠. 이 셋은 각각의 고유성을 가지고 생태계 균형을 유지하는 중요한 동물이에요. 다양한 야생 동물에 관해 생각해 보는 하루가 되면 좋겠어요.

활동

환경 위기로 범고래가 처한 상황을 조사해 보자.

6월 19일

어류 남획

우리가 먹는 수산물은 바다에서 직접 잡는 것보다 양식으로 얻는 양이 더 많아요. 과도하게 물고기를 잡아들이는 공장식 어업과 마구잡이식 고기잡이로 바다 생물들이 점점 줄고 있기 때문이에요. 연구에 따르면 2050년쯤에는 대부분의 식용 바다 생물이 사라질 것이라고 해요.

활동

해양 생태계를 파괴하는 과도한 고기잡이와 수산업이 환경에 미치는 영향을 소개한 다큐멘터리 영화 '씨스피라시'를 함께 관람하고 느낌을 얘기해 보자.

7월 13일

식탁 위의 플라스틱

바다 생물뿐만 아니라 우리도 매일 눈에 보이지 않는 미세 플라스틱을 섭취하고 있어요. 물에 우려 먹는 티백으로 된 차에도, 배달 용기에 든 음식에도, 매일 마시는 생수에도 미세 플라스틱이 들어 있지요. 미세 플라스틱은 배출이 되지 않아 몸속에 계속 쌓여서, 염증 반응이나 호흡기 질환을 일으키기도 하고, 호르몬에 영향을 줄 수도 있어요. 우리가 무심코 먹게 되는 플라스틱을 줄일 방법에는 무엇이 있을까요?

활동

생수병 대신 컵을 이용해서 물을 마시자.

6월 20일

고래

고래는 바닷속 공기 청정기라고도 불려요. 왜 그럴까요? 고래는 거대한 몸집만큼 몸속에 저장하는 이산화탄소의 양이 어마어마하거든요. 평균 수명 60년 동안 무려 33톤이나 저장한답니다. 게다가 고래는 죽어서도 탄소와 함께 가라앉기 때문에 탄소가 수백 년 이상 바다 밖으로 배출되지 않지요. 또 고래의 배설물은 물속에 산소를 공급하는 식물성 플랑크톤의 성장을 돕는답니다.

활동

전 세계에 약 90여 종의 고래가 살고 있다. 고래 세 종류를 찾아 조사해 보자.

7월 12일

마이크로비즈

마이크로비즈(microbeads)는 우리가 매일 사용하는 여러 일상 제품에 들어 있는 작디작은 플라스틱 알갱이를 말해요. 크기가 5㎜보다 작아서 배수구 망이나 정수기의 여과 시스템도 통과하지요. 마이크로비즈는 바닷물을 오염시킬 뿐만 아니라 바다 생물이 지속적으로 먹게 될 경우 생명에 위협을 주는 심각한 해양 문제의 주범이랍니다.

활동

우리가 자주 쓰는 생활용품 중에 마이크로비즈를 포함하고 있는 것을 찾아보자.

6월 21일

하지

절기 하지(夏至)는 본격적인 여름이 시작된다는 뜻이 있어요. 일 년 중 낮의 길이가 가장 길고 밤의 길이가 가장 짧지요. 하지가 지나면 장마가 시작되기 때문에 농촌에서는 이 시기를 놓치지 않고 모내기를 서둘러 끝냅니다. 하지가 지나고도 비가 오지 않으면 우리 선조들은 비를 내려달라는 기우제를 지냈어요.

활동

'하지'와 관련된 속담을 따라 써 보자.

하지를 지나면 발을 물꼬에 담그고 잔다

[TIP] 하지가 지나면 농부들이 논에 물을 대느라 바쁜 것을 비유적으로 이르는 말이에요.

7월 11일

세계 인구의 날

1989년 7월 11일, 지구촌 인구가 50억 명을 돌파한 것을 기념하여 유엔이 만든 날이에요. 인간이 쓸 수 있는 자원이나 식량 등을 고려해 계산한 결과, 지구의 적정 인구는 최대 80억 명이에요. 2021년 기준 약 79억 명이 되었으니, 인구 증가에 따른 식량 부족, 자원 고갈, 환경 오염 문제를 함께 고민할 시기가 되었어요.

활동

인구 증가로 인한 환경 문제에는 무엇이 있을지 조사해 보자.

6월 22일

돌고래 쇼 금지법

수족관이나 동물원에서 돌고래 공연을 본 적이 있나요? 넓은 바다에서 살아가는 돌고래는 좁은 수족관에 갇혀 있으면 심한 스트레스를 받아요. 그래서 사람들은 이를 동물 학대로 보고 2022년 '돌고래 쇼 금지법'을 만들었어요. 법에는 고래류를 수족관에 전시하거나 수족관 동물들을 만지거나 먹이를 줄 수 없도록 하는 내용이 담겨 있어요.

활동

'집으로 돌아간 쇼 돌고래 제돌이 이야기'를 시청하고 느낀 점을 말해 보자.

7월 10일

일회용품 제로 챌린지

환경부에서는 2023년부터 매월 10일을 일회용품 없는 날로 정하고 다양한 캠페인을 벌이고 있어요. 그중 일상생활 속 '일회용품 없애기 도전(일회용품 제로 챌린지)'은 많은 사람들이 참여하고 있어요. 약속 내용을 SNS에 올리고 다음 참여자를 지목하는 방식으로 진행돼요.

ⓒ 환경부

활동

SNS에 아래 해시태그를 달아 일회용품을 줄이기 위한 다짐을 올려 보자.

#환경부 #1회용품제로챌린지 #1회용품이젠안녕

보얀 슬랫

보얀 슬랫은 바다에서 수영을 하다가 바다에 떠 있는 수많은 쓰레기를 보고 큰 충격을 받았어요. 그 후 그는 비영리 재단인 오션 클린업을 세우고, 바다 스스로 해양 쓰레기를 청소하는 아이디어를 개발했어요. 바닷물의 흐름을 따라 한 곳으로 쓰레기를 모으는 방식이지요. 그의 행동은 많은 사람들에게 해양 쓰레기에 관한 관심을 불러일으키고, 해양 보존 활동에 참여하도록 했어요.

활동

오션 클린업의 작동 원리를 찾아보자.

7월 9일

컵줍깅

'플로깅(달리기를 하며 쓰레기를 줍는 환경 운동)'이란 말을 들어 보았나요? 이 중 특별히 일회용 컵을 주우며 조깅하는 환경 활동을 컵줍깅이라고 해요. '일회용 컵 보증금제'가 전국적으로 시행되면서 한 환경 단체에서 실시한 캠페인이에요. 실제 행사에서 1시간 만에 1,000개가 넘는 일회용 컵을 모았던 기록이 있어요. 우리도 생활 속에서 실천해 보면 어떨까요?

활동

10분간 컵줍깅을 해 보자.
내가 모은 일회용 컵은 _____개이다.

6월 24일

샥스핀

샥스핀은 상어의 지느러미를 말린 재료로 만든 중국의 고급 요리예요. 그런데 이 샥스핀 때문에 상어들이 지느러미를 잘린 채 바다에서 죽어가고 있어요. 이렇게 무분별한 포획으로 상어는 개체 수가 감소하여 멸종 위기에 처했답니다. 바다 생물들을 먹을 것이 아닌 함께 살아갈 친구로 생각해 보면 어떨까요?

활동

상어의 사라진 지느러미를 그리고, 말풍선을 채워 보자.

7월 8일

수박화채

소서 무렵에 나오는 과일은 영양이 풍부하고 맛과 향이 좋아요. 선조들은 이 시기에 수박, 참외 등을 따서 원두막에 가서 쉬거나 계곡에서 발을 담그고 피서를 했어요. 여름을 대표하는 과일인 수박을 활용해 요리해 보세요.

활동

수박화채를 만들어 보자.

[TIP] 칼을 사용할 때는 어른이 도와주세요.

태안 기름 유출 사고

2007년 충청남도 태안 앞바다에서 선박이 서로 부딪치는 사고가 발생했어요. 배에서 흘러나온 기름 때문에 바다와 해안가는 온통 검은 기름 덩어리로 뒤덮였지요. 바다를 되돌리기 위해 123만 명의 자원봉사자들이 인간 띠를 만들어 바다의 기름을 걷고, 바위에 붙은 기름을 닦아 냈어요. 이런 노력 덕분에 10년 만에 태안의 바다는 원래의 모습으로 돌아왔어요.

활동

태안 기름 유출 사고 외 다른 기름 유출 사고를 찾아보자.

소서

절기 소서(小暑)는 '작은 더위'라는 뜻의 이름처럼 무더위가 시작됨을 알리지요. 보통 이 시기는 장마라서 비가 많이 오고 습도가 높아요. 그래서 농가에서는 서둘러 밀과 보리를 수확하지요.

활동

소서를 한자로 따라 써 보자.

小 작을 소　暑 더울 서

6월 26일

비치코밍

비치코밍은 'beach(해변)'와 'coming(빗질하다)'을 합한 말로 해변 정화 활동을 말해요. 쓰레기를 줍는 플로깅과는 무엇이 다를까요? 비치코밍은 해변에 떠밀려 온 쓰레기를 수거하는 것에서 한 발 더 나아가, 이것으로 업사이클링을 한답니다. 비치코밍으로 얻은 쓰레기는 생활용품이나 액세서리 다시 태어나요.

활동

바다 유리로 만든 제품이나 예술 작품을 찾아보자.

7월 6일

숫자로 보는 플라스틱

플라스틱은 생산되는 것의 겨우 1%만이 재활용되고 나머지는 모두 버려져요. 플라스틱으로 발생되는 문제는 지구가 겪게 될 가장 큰 위기라고 할 수 있지요. 특히 해양 환경 보존을 위해서는 반드시 해결해야 할 문제예요. 왜냐하면 플라스틱 쓰레기의 10%나 되는 수백만 톤의 플라스틱이 바다에 버려지고 있거든요. 거의 모든 바다거북 몸속에서 플라스틱이 발견될 정도로 플라스틱 쓰레기는 해양 생태계에 영향을 주고 있어요.

활동

플라스틱 쓰레기가 지구 환경 중 가장 많이 오염시키는 곳과 그곳에 미치는 영향을 조사해 보자.

6월 27일

후쿠시마 오염수 방류

2011년 일본에서 발생한 지진으로 후쿠시마 원자력 발전소가 폭발했습니다. 발전소 핵연료의 온도를 낮추기 위해 냉각수로 쓰인 오염수가 바다로 흘러들어간 것이지요. 2023년 일본은 또 한번 후쿠시마 원자력 발전소의 오염수를 바다로 방류했어요. 오염수는 해양 오염, 바다 생태계 교란 등의 환경 문제를 일으킬 수 있어 큰 우려를 낳고 있어요.

활동

후쿠시마 오염수 방류 관련 뉴스를 찾아보자.

7월 5일

쓰레기 섬

북태평양 한가운데 우리나라 면적보다 15배나 큰 거대한 섬이 있다는 사실을 알고 있나요? '태평양 거대 쓰레기 지대(GPGP)'가 바로 그것이지요. 이 섬을 구성하는 물질은 바로 우리가 버린 쓰레기, 그중에서도 물에 잘 뜨고 썩지 않는 비닐과 플라스틱이에요. 특히 일본, 중국, 한국 등에서 어업에 사용한 그물, 밧줄, 부표 등 폐기물이 대부분이에요.

쓰레기 섬을 치울 수 있는 아이디어를 생각해 보자.

6월 28일

바다 위 쓰레기통

해양 쓰레기 문제를 해결하기 위해 많은 기술과 로봇이 개발되었답니다. 씨빈(Seabin)은 육지 근처 바다를 떠다니며 스스로 쓰레기와 미세 플라스틱을 수거할 수 있어요. 그리고 인터셉터(Interceptor)는 태양열을 이용해 물 위를 떠다니며 컨베이어 벨트로 바다 쓰레기를 수거하지요. 환경에 선한 영향력을 미치는 기술이 더 발전되기를 응원해요.

활동

해양 오염을 해결할 수 있는 과학 기술 아이디어를 내 보자.

7월 4일

생분해성 플라스틱

최근 들어 미생물에 의해 분해되는 '생분해성 플라스틱'에 대한 개발이 활발히 이루어지고 있어요. 천연 재료로 만들기 때문에 생산 과정에서 온실가스 배출을 60~80%가량 줄일 수 있고, 사용 후 분해된 물질은 퇴비로 사용할 수도 있어 플라스틱 대체재로 주목받고 있어요. 하지만 온도 같은 조건에 따라 분해되는 정도가 다르고 완전 분해까지는 시간이 걸려요. 되도록 플라스틱 쓰레기를 줄이는 것이 중요해요.

활동

생분해성 플라스틱을 만들 수 있는 재료를 찾아보자.

해양 도시

여러 나라에서 바다 위에 인공 섬을 만들어 해양 도시를 세우고 있어요. 지구 온난화로 해수면이 높아지면 해안가 도시들이 물에 잠길 수 있어서 이를 대비해 새로운 도시를 만드는 것이지요. 해양 도시는 해수면 위에 설치되기 때문에 생태계에 미치는 영향을 최소화한다는 장점이 있어요.

활동

내가 상상하는 미래의 해양 도시를 그려 보자.

7월 3일

국제 일회용 비닐봉지 없는 날

매년 5조 개의 비닐봉지가 만들어지고, 한국인은 1인당 한 해 평균 460개 정도의 비닐봉지를 사용해요. 비닐봉지는 한 번에 평균 25분 정도만 사용되고 버려지는데, 거의 재활용이 되지 않아 대표적인 일회용 플라스틱 제품입니다. 스페인의 한 환경 단체에서는 일회용 비닐봉지 없는 날을 만들고 장바구니나 다회용 가방을 활용하도록 캠페인을 벌이고 있어요.

활동

일회용 비닐봉지 대신 장바구니를 이용하자.

6월 **30일**

6월 돌아보기

육지보다 넓고, 접근이 어려워 정화하기 더 힘든 해양 오염. 일상생활에서 해양 오염을 줄이고 해양 생태계를 보전할 방법은 무엇인지 깊이 생각해 보았어요. 한 달 동안 실천한 것을 되돌아보며, 새롭게 알게 된 사실이나 가장 기억에 남는 활동 세 가지를 적어 보세요.

1. _____
2. _____
3. _____

활동

7월에도 지속해서 실천하고자 하는 해양 환경 보전 활동을 생각해 보자.

7월 2일

플라스틱 오염

플라스틱은 자연에서 잘 분해되지 않아서 여러 가지 환경 오염을 일으켜요. 음료수병으로 쓰이는 PET는 분해되는 데 약 100년이나 걸리며, 비닐봉지에 쓰이는 LDPE나 빨대에 쓰이는 PP도 약 50년이 걸려요. 그런데도 사용하는 플라스틱의 45% 정도가 한 번 사용되고 버려진답니다. 그러니 일회용 플라스틱은 가능하면 사용하지 않고, 사용한다면 재활용해서 플라스틱 쓰레기를 줄이는 생활 습관이 필요해요.

활동

다 마신 음료수 병은 씻어서 재활용해 보자.

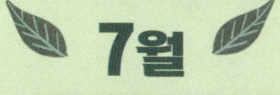

7월
플라스틱 제로의 달

7월 1일

플라스틱

일상 곳곳에서 사용되는 플라스틱. 비슷해 보이지만 종류가 다양하고, 각각 사용되는 곳과 환경에 미치는 영향이 달라요. 플라스틱의 종류를 알아봅시다.

제품	플라스틱 종류	재활용 가능 여부
페트병	페트(PET)	가능
샴푸나 세제 용기	고밀도 폴리에틸렌 (HEPE)	가능
비닐봉지, 비닐장갑	저밀도 폴리에틸렌 (LDPE)	가능하나 세척이 어려움
컵, 빨대, 도시락	폴리프로필렌(PP)	가능
일회용 수저, 스티로폼, 컵라면 용기	폴리스티렌(PS) (미세 플라스틱 주범)	세척 시 가능

활동

집에서 하루 동안 사용하는 플라스틱 제품의 양을 조사해 보자.